EHEN IM GEWITTER / P. Ludger Grün

7,80

P. Ludger Grün

Ehen im Gewitter

Covergestaltung: Leanne Lorenzo

Sarto
Verlag

Sarto Verlagsbuchhandlung GmbH
Dr.-Jaufmann-Str.3
D-86399 Bobingen
www.sarto.de
ISBN 978-3-96406-026-6

Den geknickten Halm
wird er nicht zerbrechen,
und den glimmenden Docht
wird er nicht auslöschen.
(Is 42,3)

Inhaltsverzeichnis

Vorwort

«*Die ersten Jahre unserer Ehe waren schön, und jetzt müssen wir es durchziehen bis zum Tod!*» In diesem Satz einer Ehefrau steckt das ganze Thema dieses Buches. Was bedeutet dieses «durchziehen bis zum Tod»? Muss das so sein? Darf das so sein? Eine andere Frau fragte ironisch: «*Ein Buch über die Ehe? Ja, gibt's denn da was Neues?*» Auch in ihrer Frage steckt das Thema dieses Buches. Denn in ihrer Frage liegt viel Ernüchterung und sogenannter Realismus.

«Ehen im Gewitter» spricht über Ehen auf der Kellertreppe. Der Leser wird dieses Bild verstehen. Wie viele Ehepaare stehen im Dunkel, ganz unten, und fragen sich: «*Wie sind wir hierhergekommen? Was ist aus unserer Liebe und Beziehung geworden? Warum sind wir hier?*» In diesem Keller hört man Schreie der Verzweiflung, das Weinen von vielen Kindern, bittere Vorwürfe, zynische Worte, lächerliche Ausreden, die ins Gesicht springen, gelangweilte Antworten, knisternde Spannung ohne Worte, ja sogar wütende Hasstiraden, Spott, Schimpfworte, oder auch still gewordene Enttäuschung. Wenn es Licht gäbe, würde man hier graue, müde Gesichter sehen mit Tränen in den Augen.

Wie ist es so weit gekommen? Diese Menschen sind vor dem Gewitter des Lebens geflohen. Sie haben den Stürmen des Lebens nichts entgegen zu setzen, sie haben nichts in der Hand, um mit den grellen Blitzen der Wahrheit über sich und den Partner zurecht zu kommen. Sie haben die lebendige Beziehung stufenweise aufgegeben und sich zurückgezogen. Oder sie haben resigniert. Der Keller war eine Notlösung geworden, weil es anders nicht mehr ging. Nie hätten sie sich am Anfang geträumt, dass es so weit kommen könnte.

Nicht immer ist es so dramatisch. Viele Ehen sind nur auf dem Weg in den Keller, andere kämpfen mit aller Kraft dagegen, diese Treppe zu betreten. Aber dieses Gewitter und diese Treppe sind ein Thema, das jede Ehe kennt, manche zum Glück nur aus der Ferne, manche sind nahe dran, wieder andere stehen schon auf halber Höhe der Treppe oder ganz unten.

Muss das sein? Was kann man dem entgegensetzen? Was hält die Ehe und Beziehung ehrlich lebendig?

Dieses Buch wendet sich an Leser, die keine Notlösung im Keller suchen, sondern die auf einem anderen Fundament aufbauen wollen, das wirklich trägt. Gibt es das?

Manch ein Leser wird sich gedacht haben, dass diese Einleitung wie eine Beerdigungsmusik klingt. Mit Absicht! Eines Tages ging Jesus auf das Städtchen Naïm zu, und es fand gerade eine Beerdigung statt.[1] Der einzige Sohn einer Witwe war gestorben und nun ging es zum Grab. Jesus trat hinzu und war von Mitleid gerührt. Er sagte der Mutter: «*Weine nicht!*». Der Leichenzug hielt an. Dann richtet er den Toten mit einem Satz auf: «*Jüngling, ich sage dir, steh' auf!*»

Eben noch war die Prozession in Richtung Grab und Friedhof unterwegs. Jetzt aber geht sie wieder in die Stadt hinein, ins Leben! Sie hat sich um 180 Grad gedreht! Keine Trauer mehr, sondern Weinen vor Freude! Der Leser soll in eine solche Begegnung mit Jesus kommen, damit sich auch die Wegrichtung seiner Ehe ändert und er aufatmen kann. Es geht um das neue Fundament, das Jesus der Ehe bietet. Keine Treppe nach unten mehr, sondern Umkehr und freudiger Weg in die Heilige Stadt hinein!

1 Lk 7,12f

Das Problem

Wir wollen von den Ehepaaren sprechen, die entmutigt, enttäuscht, resigniert, verletzt und verwundet sind. Es geht um die Paare, die ihre Beziehung reduziert haben, um nicht mehr verwundet oder enttäuscht zu werden. Sie alle stehen mehr oder weniger auf der besagten Kellertreppe. Es geht aber auch um alle, die diese Treppe nicht betreten wollen. Was sollten sie beachten, damit sie nicht auf diese Stufen geraten?

Lassen Sie uns eine einfache Geschichte nehmen, um eine weit verbreitete Ursache vieler Eheprobleme zu verstehen:

Die Boote von Mondo

Es regnete schon wieder. Simon regte es einfach auf, dass das Hausboot schon wieder Schieflage hatte. Er zog sich die Regenjacke über, stieg die kleine Leiter herunter und stemmte sich mit seinen Schultern gegen die Schiffswand, bis sich das Boot aufrichtete. Er merkte nicht, dass es auf die andere Seite kippte. Zwar war es schon viel besser als vorher, aber tatsächlich lehnte das Hausboot jetzt leicht nach links. Zufrieden stieg er die Leiter wieder herauf und freute sich auf den Kaffee. Anja hatte im Schiff die Bewegung bemerkt. Sie ärgerte sich, dass Simon es nie schaffte, das Boot ordentlich aufzurichten. Ohne Worte ging sie an ihm vorbei, als er gerade eintrat. Nun stieg sie die Leiter herunter, lehnte sich mit ihrem Rücken gegen die linke Seite und richtete das Boot gerade auf. So, das war geschafft! Ein kurzer Blick über die Bucht zeigte ihr, dass viele Nachbarn das gleiche Problem hatten. Es war in der Bucht zum Morgensport geworden, die Boote ins Gleichgewicht zu bringen. Die Nachbarn waren gerade dabei, sich zu streiten, ob ihr Boot nun wirklich im Gleichgewicht war oder nicht. Ihre Kinder an der Reling schauten nur gelangweilt auf die Eltern, die mehr mit der Geometrie beschäftigt waren als mit ihnen. So war es nun einmal in der Bucht von Mondo. Alle Kinder waren sich einig, dass dieser angebliche Sport von Mondo im Grunde himmeltraurig war. Aber auf die Kinder hörte niemand.

Anja stieg wieder die Leiter hinauf und setzte sich zufrieden ans Frühstück. Leider dauerte es nicht lange, bis irgendein Windstoß das Boot streifte und schon war es wieder nach rechts geneigt. Nicht einmal in Ruhe frühstücken konnte man hier! Simon und Anja standen gleichzeitig auf. Ohne sich in die Augen zu schauen, machten sie sich auf den Weg zur Leiter. Nun drückten sie von beiden Seiten gegen das Schiff. Mal neigte es sich nach rechts, mal nach links. Hatten sie sich anfangs noch Kommentare zugerufen, verrichteten sie bald nur noch schweigend ihre Tätigkeit. Es stimmte zwar, dass das Familienleben stark eingeschränkt war, aber was wollte man machen! Ganz Mondo kannte dieses Problem und es war nun einmal nicht leicht, die Hausboote im Gleichgewicht zu halten. Manche Bootsbesitzer hatten schon aufgegeben und ließen ihr Hausboot einfach in der Lage, in die es bei der letzten Bewegung gekippt war. Zwar sah man in der Bucht auch Boote, die schon lange fadengerade standen, aber da ging wohl etwas nicht mit rechten Dingen zu. Als Anja und Simon müde wurden, stiegen sie die Leiter wieder herauf und setzten ihr Frühstück fort. Der Tag verlief eigentlich belanglos, nur gab es zwischendurch immer wieder Streit um die Schieflage des Hausbootes. «Dass du auch immer übertreiben musst!» fauchte Anja. Simon zuckte mit den Schultern. Er kannte diese Vorwürfe seit Jahren, aber schließlich war sie es, die mit ihrer leichten Kurzsichtigkeit die Lage immer falsch einschätzte.

Am nächsten Morgen wachten Anja und Simon auf und schauten sich an. Irgendetwas stimmte nicht. Anscheinend waren die Nachbarskinder wieder dabei, mit dem Boot zu spielen. Mal neigte es sich – ganz leicht– nach links, mal nach rechts. Dann wieder nach links. Und dann wieder nach rechts. Aber es waren sanfte Bewegungen, und dazwischen war das Boot wirklich gerade. Wenigstens hingen die Bilder an der Wand nun endlich ordentlich.

Ein Blick nach draußen zeigte des Rätsels Lösung: Das Hausboot schwamm im Wasser. Der Fluss war zurückgekommen und hatte das Boot mitgetragen.

Die Kernfrage dieser Geschichte ist eine andere, als der Leser vielleicht denkt. Zur Diskussion steht nicht, ob jetzt Simon oder Anja mit ihrer Bootsseite recht hatten. Der springende Punkt ist, dass sie sich daran gewöhnt hatten, dass das Hausboot auf dem Kiel lag und nicht im Wasser schwamm. Das Ufer mit dem Sand unter dem Boot war für sie selbstverständlich und normal geworden, eine alltägliche Sache.

Boote sind nicht dafür gebaut, im Sand am Ufer zu liegen. Ehen sind nicht dafür geschaffen, ohne Gott zu funktionieren. Christliche Ehen sind nicht dazu gedacht, abseits vom Sakrament gelebt zu werden. Und doch verlassen sich die meisten Ehen auf den Sand rein menschlicher Gefühle. Sie finden es normal, Ehe und Religion zu trennen. Sie nehmen ihre Religion durchaus ernst, aber die Beziehung zwischen Mann und Frau ist abgekapselt und getrennt von Gott. Es ist schließlich nur eine Sache der zwei, niemand anders ist beteiligt. Und so versuchen sie, so gut es geht, die Beziehung im Gleichgewicht zu halten. Mit beschränktem Erfolg. Die heutige Scheidungsrate von 30-50% spricht Bände. Erst recht, wenn man die Dunkelziffer der gescheiterten, aber nicht geschiedenen Ehen dazu nimmt, ebenso wie die Tatsache, dass bei den hier erfassten Ehen auch die sogenannten Zweitehen von bereits Geschiedenen mitgezählt sind.

Ehen sind nicht dafür gemacht, ohne Gott zu leben. Sie sind dazu geschaffen, vom Strom der Gnade Gottes getragen zu werden. Sie sind nicht dazu gedacht, auf der Stelle zu treten, sondern sich zur ewigen Hochzeitsfeier DES Brautpaares forttragen zu lassen.

Was bedeutet es, wenn man die Beziehung in der Ehe von Religion und Gott isoliert? Mit christlichen Augen betrachtet heißt das: Man errichtet die Herrschaft des Alten Menschen. Was ist der Alte Mensch, wenn nicht der Mensch ohne Gott? So könnte man auch von der «Alten Ehe» sprechen, der ehelichen Beziehung ohne Gott. Wozu tendiert aber der Alte Mensch?

«Offenbar aber sind die Werke des Fleisches, welche sind: Hurerei, Unreinigkeit, Ausschweifung, Götzendienst, Zauberei, Feindschaft, Hader, Eifersucht, Zorn, Zank, Zwietracht, Sekten, Neid, Totschlag, Trunkenheit, Gelage und dergleichen.»[2]

Der hl. Paulus gibt uns noch einen anderen Katalog, wozu der Alte Mensch fähig ist und wo er am Ende landen kann: «*Die Menschen werden nämlich selbstsüchtig sein; geldgierig, prahlerisch, hochmütig, lästernd; den Eltern ungehorsam, undankbar, gottlos, lieblos, unversöhnlich, verleumderisch; zügellos, grausam, dem Guten feind, verräterisch, unbesonnen, aufgeblasen, mehr vergnügungssüchtig als gottesfürchtig, mit dem Schein der Frömmigkeit, deren Kraft verleugnend.*»[3] Das bedeutet nicht, dass jeder einzelne Mensch sich so verhält, sondern dass er die Neigung und Fähigkeit dazu besitzt. Und dieser Art von Mensch vertrauen die Ehepartner das Kostbarste an, was sie haben: ihre Kinder und ihre persönliche Liebe! Diese wertvollsten Güter sind von nun an dem Alten Menschen ausgeliefert!

---

2 Gal 5,19f

3 2 Tim 3,2f

Unbemerkt hat sich so das Leben in zwei Welten geteilt: Die Welt der Ehe und die Welt der Religion. Mit dieser Spaltung des Lebens in zwei getrennte Bereiche betritt man die Stufen nach unten. Die Eheleute nehmen dann zwar die Religion noch ernst, sie beten, nehmen an der hl. Messe teil, beten vielleicht sogar den Rosenkranz. Aber sie sind überzeugt, dass sie mit den Problemen der Ehe selbst fertig werden müssen. Von nun an ist die eheliche Beziehung abgekapselt und von Gott isoliert. Man versucht, das Beste daraus zu machen, aber mit rein menschlichen Mitteln. Diese Eheleute haben aus den Augen verloren, dass Gott ihre Ehe bejaht, dass er sie will. Man hat vergessen, was die Ehe in den Augen Gottes bedeutet, was er von ihr erwartet und wie er den Ehepaaren hilft.

Überlegen wir, was zur Trennung von Ehe und Religion geführt hat. Sie ist das Ergebnis einer Entwicklung, bei der man mit der Zeit den Mut verloren hat. Am Anfang stand ein sehr guter Wille, und oft auch die Entschlossenheit, eine christliche Ehe zu führen. Das Ertragen der Fehler oder Eigenheiten des Ehegatten ist aber mit der Zeit immer schwieriger geworden, die Enttäuschung ist immer größer geworden, sodass man am Ende resigniert hat. An diesem Punkt trat eine entscheidende Veränderung ein, und es handelt sich um einen wirklichen Wendepunkt. Statt es weiterhin mit christlichen und übernatürlichen Wegen zu versuchen, hat man sich auf rein menschliches Verhalten umgestellt und damit auf die Herrschaft des Alten Menschen. Fehler werden dann mit Ungeduld beantwortet, die Verschiedenheit der Charaktere wird bekämpft mit den ewig gleichen Vorwürfen, Forderungen werden immer heftiger vorgetragen.[4] Das ist ein Drama, das sich immer weiter steigert und nur noch mehr Streit und Spannung ins Leben bringt. Es ist letztlich die Kapitulation vor der gefallenen menschlichen Natur. Man hat versucht, diese

4 Dabei muss man sehen, dass sich diese Auseinandersetzungen an der Oberfläche abspielen und es eigentlich um tiefere Dinge geht. Der Streit mit Worten deckt oft eine tiefer liegende Verletzung und Enttäuschung zu, um die es eigentlich geht.

Natur zu ändern oder besser zu machen, aber es ist nicht gelungen. Man lässt die Hände sinken und resigniert. Richten wir unseren Blick auf diese Resignation und Entmutigung. Sie ist die neue Haltung, die von nun an die Beziehung zwischen Mann und Frau bestimmt. Auch wenn man nicht sagen kann, dass die Liebe gestorben ist, hat sie auf jeden Fall einen schweren Schlag erhalten. Dieser Rückschlag ist wiederum von großer Bedeutung. Denn er widerspricht in brutaler Weise den Hoffnungen, die man sich am Anfang so sehr gemacht hat. Diese Hoffnungen sind gestorben. Von nun an fehlt der Beziehung das Lebendige, man muss es jetzt «durchziehen bis zum Tod.» Es bleibt aber nicht auf einer bestimmten Stufe. Der Alte Mensch, der jetzt die Ehe beherrscht, hat seine eigene Dynamik. Es geht mit den Monaten und Jahren immer weiter bergab, hinunter in den Keller. Dies wird beschleunigt durch Egoismus, Stolz, Routine, Flucht vor dem Opfer und Weltlichkeit. Denn es fehlt der Liebe die Kraft, diesen Feinden der Ehe etwas entgegen zu setzen.

Der Pessimismus der Welt ist ein weiterer Faktor der Entmutigung. Da die Welt, gemeint als «Schöpfung ohne Glauben», die Hilfe der Gnade nicht kennt, ist sie auch in Beziehung auf die Ehe arm und allein und muss so viele gescheiterte Ehen zur Kenntnis nehmen. Was soll sie daraus anderes schließen, als dass die Ehe eine hoffnungslos überfrachtete Einrichtung ist, die meistens ins Unglück führt? Der daraus entstandene Pessimismus ist weit verbreitet und bestimmt massiv die allgemeine Wahrnehmung der Ehe. Kein Wunder, dass dieser Pessimismus auch an den Herzen von christlichen Ehepaaren nagt! Das vorliegende Buch spricht vom Unterschied zwischen Hausbooten auf dem Sand und Hausbooten im Fluss. Was erwartet Gott von einer christlichen Ehe, und wie arm ist eine Familie, in der das Alltagsleben nur aus rein menschlicher Sicht, aus dem Alten Menschen gestaltet wird? Diesen Fragen werden wir in vier verschiedenen Abschnitten nachgehen:

- Leben in Respekt und Liebe
- Leben als Haupt und Leib
- Gemeinsame Liebe zu den Kindern
- Gemeinsames Gebet

Bei jedem Abschnitt werden wir erst fragen, wie dieses Leben bei Jesus Christus und seiner Braut, der Kirche, aussieht. Daraus lässt sich sehr viel über eine christliche Ehe sagen und auch, welche Tragweite ein Versagen in diesen Fragen besitzt.

Was wird den Eheleuten im Sakrament geschenkt?

Der Plan Gottes

Wir sind daran gewöhnt, unsere eigenen Pläne zu verfolgen. Der eine will ein Haus bauen, der andere im Beruf weiterkommen, wieder ein anderer plant eine Reise. Ohne Plan zu handeln ist für uns gleichbedeutend mit «unvernünftig» und «kopflos» zu leben. Deshalb können wir danach fragen, welchen Plan Gott verfolgt. Was will er mit der Schöpfung und Erlösung erreichen? Was hat er sich dabei gedacht? Natürlich können wir Gott nicht in die Karten schauen, aber wenn er selbst uns seinen Plan mitteilt, sieht es anders aus. «*Hat er uns doch das Geheimnis seines Willens kundgetan gemäß seinem im Voraus gefassten Ratschluss, den er in der Fülle der Zeiten auszuführen beschlossen hatte: alles im Himmel und auf Erden in Christus als dem Haupt zusammenzufassen.*»[5] Jesus Christus als Haupt über allem, das ist der Plan Gottes schlechthin!

Das Ehepaar schlechthin

Wer «Haupt» sagt, spricht auch vom «Leib». Es macht ja keinen Sinn, von einem Haupt zu sprechen, wenn es nicht auch einen Leib gibt. Der hl. Paulus sagt uns, dass die Kirche[6] dieser Leib ist. «*Ihr seid der Leib Christi und, als Teile betrachtet, seine Glieder.*»[7] Deshalb geht es bei Gottes Plan um Christus und seine Braut, die Kirche. «Er sagte: *Mit*

5 Eph 1,9f

6 Natürlich ist hier nicht der materielle Kirchbau, bzw. das Gebäude gemeint, sondern die Gemeinschaft der Getauften, die die Kirche bilden.

7 1 Kor 12,27

dem Himmelreich ist es wie mit einem König, der für seinen Sohn die Hochzeitsfeier bereitete.»[8] Gott selbst ist der König, der seinem Sohn Jesus Christus die Hochzeit bereitet. So heißt es am Ende der Weltgeschichte: *«Dann hörte ich wie die Stimme einer großen Schar, wie das Rauschen vieler Wasser und wie das Rollen starker Donner, die rief: ‹Halleluja! Denn zur Herrschaft gelangt ist der Herr, unser Gott, der Allmächtige. Lasst uns froh sein und jubeln und ihm die Ehre geben, weil gekommen ist die Hochzeit des Lammes. Seine Braut hat sich bereitgemacht, es wurde ihr gegeben, sich mit glänzend reinem Linnen zu kleiden.› - Das Linnen bedeutet die gerechten Werke der Heiligen. Dann sprach er zu mir: ‹Schreibe: Selig, die zum Hochzeitsmahl des Lammes geladen sind.› Er fügte hinzu: ‹Das sind die wahrhaftigen Worte Gottes.›»*[9]

Was ist denn der Himmel? Es ist das ewige Hochzeitsmahl des Lammes Gottes im Haus des Vaters.

«Und es kam einer von den sieben Engeln mit den sieben Schalen, die mit den sieben letzten Plagen gefüllt waren. Er sprach zu mir: «Komm, ich will dir die Braut zeigen, die Frau des Lammes.»[10] *«Und ich sah die Heilige Stadt, das neue Jerusalem, aus dem Himmel von Gott herabkommen, bereitet wie eine Braut, die für ihren Bräutigam geschmückt ist.»*[11]

Das ist also der Plan Gottes, der ihm am Herzen liegt. Alles Wirken der gewaltigen Vorsehung geschieht nur im Hinblick auf diesen Plan. Alles, was geschaffen ist, ist da wegen dieser Absicht Gottes. Wir alle sind also da, weil Gott den Plan hat, Christus und die Kirche auf ewig und immer zu verherrlichen. Jede Fliege, die summt, jeder aufbrechende Frühling, ja, jedes Geschöpf ist da, weil es um das Brautpaar Christus-Kirche geht. Im Rahmen der Erlösung ist jede Gnade gegeben, um zu diesem Ziel zu führen. Alle Sakramente sprechen von diesem Plan. Alles, alles dient diesem Plan Gottes: Christus als Haupt über seiner Kirche. Entsprechend ist es auch das einzige,

8 Mt 22,2

9 Offb 19,6

10 Offb 21,9

11 Offb 21,2

wichtige Anliegen christlicher Eheleute, dass ihre eigene Ehe wirklich eine Freude für Gott ist.

Der Platz des christlichen Ehepaares

Alle Sakramente haben eine eindeutige, bestimmte Wirkung. Die Wirkung des Ehesakraments besteht darin, dass das Brautpaar vor dem Altar ein Zweig am Brautpaar Christus-Kirche wird. Der bekannte Dogmatiker Matthias J. Scheeben sagt in «Die Mysterien des Christentums»: «Am treffendsten würde man aber die Stellung der christlichen Ehe im Bunde Christi mit der Kirche bezeichnen, wenn man sie als eine Abzweigung oder Ausgliederung desselben darstellte.»

Das heißt, **Die Ehe zweier Christen ist ein Zweig an dem Baum des Brautpaares Christus-Kirche und steht damit in lebendiger Verbindung mit dem göttlichen Brautpaar. Denn ein Zweig lebt das Leben des Baumes mit. In den Ästen und Zweigen eines Baumes gibt es nur ein Leben: Das Leben des Baumes. Diese einfache Tatsache ist von unglaublicher Tragweite für die Ehe und Familie. Die Ehegatten sind gerufen, das Leben von Christus und Kirche mitzuleben.** Das ist alles andere als eine Kleinigkeit. Denn damit heißt ihr Auftrag, Mitarbeiter an dem einzigen, unendlich tiefen und herrlichen Plan Gottes zu sein. Das Leben eines Ehepaares steht in lebendigem Zusammenhang mit dem Zentralthema der Geschichte, von Schöpfung und Erlösung: Christus und seine Braut, die Kirche. Es ist nicht nur ein Zeichen für das göttliche Brautpaar, sondern ein gemeinsames Leben mit ihm! **Ein Zweig teilt das Leben des Baumes.**

Von daher bekommen wir auch einen Eindruck von der Bedeutung des Themas, das dieses Buch behandelt: Die Frage der stagnierten, distanzierten, entmutigten oder gelähmten Ehen. Es geht ja um Ehen, deren Beziehung am Boden liegt. Eine äußerlich intakte, aber innerlich vertrocknete Ehe ist ebenfalls ein Zweig an dem von Gott gepflanzten Weinstock. «*Ich bin der wahre Weinstock, und mein Vater ist der Weingärtner. Jede Rebe an mir, die keine Frucht bringt, schneidet er ab; jede, die Frucht bringt, reinigt er, damit sie noch mehr Frucht bringe.*»[12]

Gott kümmert sich um seinen Weinberg, denn er ist sein Werk. Denken wir nur an den Sturm des Hl. Geistes, mit dem Gott an Pfingsten diesen Weinstock erfüllte: «*Plötzlich erhob sich vom Himmel her ein Brausen, wie wenn ein gewaltiger Sturm daher führe. Es erfüllte das ganze Haus, in dem sie waren. Zungen wie von Feuer erschienen ihnen, verteilten sich und ließen sich auf einen jeden von ihnen nieder.*»[13] In diesem Sturm des Feuers, des Lichts und der Liebe lebt eine stagnierte Ehe lau und starr dahin… «*Denn jeder wird mit Feuer gesalzen werden.*»[14]

Die Gnaden des Sakraments

Ein Ehepaar in Christus und der Kirche hat eine ganz große Würde und Bedeutung. Dementsprechend erhalten die beiden auch Gnaden aus dem Sakrament, die sie für ihre Aufgabe brauchen. Der Sinn des Zweigs besteht ja darin, dass er das Leben des Baumes offenbart und erweitert. Also geben die Sakramentsgnaden Licht, Mut, Kraft, Entschlossenheit und Freude daran, die Ehe so zu leben, dass sie zu dem Paar Christus-Kirche passt. Wir sammeln ja auch nicht Äpfel vom Birnbaum und Tomaten wachsen nicht auf Kastanienbäumen. Der Rebzweig hat dieselbe Natur wie der Weinstock. Die Gnade des Sakraments ist jeden Tag da, um die Ehepartner immer mehr nach Christus und der Kirche zu formen. Der Ehemann wird dadurch Christus, dem Bräutigam immer ähnlicher und die Ehefrau wird erfüllt mit dem Leben der Braut, der Kirche. Das ist eine Lebensaufgabe, der sich diejenigen Ehen entziehen, die ihre Beziehung verwahrlosen lassen.

Wenn wir nun über verschiedene Punkte sprechen, geht es immer um die Ähnlichkeit mit dem Ehepaar, das im Zentrum des göttlichen Planes steht.

---

12 Joh 15,1f

13 Apg 2,2

14 Mk 9,49

Leben in Respekt und Liebe

Bei diesem Thema steigen sofort einige Fragen auf: Ist es nicht eine Illusion gewesen, als man am Anfang der Ehe verliebt war? Ist es nicht gut, dass man diese Illusion verloren hat? Was heißt überhaupt «verliebt sein» und hat es einen Sinn gehabt? War Christus selbst verliebt? Ist es nicht unwürdig, Christus mit dem Gedanken des Verliebtseins zu verbinden? Sollte man dieses ganze Thema nicht als unrealistische Träumerei beiseitelegen und sich mehr den echten Problemen des Lebens zuwenden, wie der Kindererziehung und den Rechnungen und dem Beruf?

Fangen wir mit dem Sinn des Verliebtseins an. Unbestritten ist, dass manch einer, der verliebt ist, zu romantischen Übertreibungen neigt. Der oder die Geliebte wird fast nur in den positiven Seiten gesehen, für die negativen Eigenschaften ist man blind. Diese Übertreibungen verlangen und erwarten absolute Liebe und Geborgenheit, die man aber im Herzen der oder des Geliebten immer nur relativ und mit Grenzen findet, verbunden auch mit Fehlern und Schwächen. Kommt dann die Wirklichkeit in den Blick, fühlt man sich vielleicht hereingelegt, so als ob man in eine Falle getreten sei. Die vollkommene Liebe gibt es nur zwischen Christus und der Kirche, und das Ehesakrament lässt die Ehepartner daran teilnehmen.

Einmal abgesehen von den Übertreibungen, hat dieser Zustand einen Sinn? Könnte man nicht sagen, dass ein verliebter Mensch eine Vision erlebt? Er sieht so viele gute Eigenschaften im anderen Menschen, so viele Chancen, die verwirklicht werden können, dass er davon ganz hingerissen ist. Die Begeisterung und Bewunderung kennen fast keine Grenzen. Es geht beim Verliebtsein um all das Gute und Schöne, das im geliebten Menschen gesehen wird. Denn man sieht viele Chancen der Entwicklung, die der/die andere vielleicht gar nicht ahnt. Dieser Punkt ist sehr wichtig, denn er weist auf ein zentrales Anliegen hin: Man möchte den anderen Menschen auch zu all dem Guten führen, das in ihm angelegt ist. Es geht auch um das «Herauslieben» all der guten Anlagen und Eigenschaften, die man im anderen ahnt und sieht. Nicht umsonst fühlt sich der geliebte Mensch auf einmal viel «lebendiger» als vorher. Er «blüht auf», weil die Liebe in ihm die besten Seiten anspricht und hervorruft. Eine amerikanische Studie hat gezeigt, dass ein verliebter Mensch sich deswegen viel authentischer und echter fühlt, weil die Liebe ihn dazu führt, sein eigentliches Ideal-Ich zu leben.[15]

Man könnte sicher hier noch Vieles über das Verliebtsein schreiben, halten wir nur fest, was für unser Thema wichtig ist. Das Verliebtsein meint eine tiefe Bewunderung und auch den großen Wunsch, das Gute des geliebten Menschen zu teilen, zu erleben, zu entwickeln und zu entfalten.

Ergänzung

Dieser Wunsch verbindet sich mit dem Aspekt der Ergänzung. Wer verliebt ist, sieht im Partner den, ohne den er nicht leben will und kann. Es war «*nicht gut für Adam, dass er allein*» war. Als Gott ihm dann Eva schenkte, rief Adam aus: «*Diese endlich ist Bein von meinem Bein und Fleisch von meinem Fleisch!*»[16] Er fand in ihr «*die Gehilfin, die ihm entsprach.*»[17]

Ein eher trauriges Beispiel: Ein 62jähriger Arzt hatte einen Herzinfarkt, an dem er einige Tage später starb. Nach der Beerdigung saß seine Frau (65) zitternd im Wohnzimmer, sie hatte wieder angefangen zu rauchen und sagte: «Die Hälfte von mir

15 Muping Gan, Serena Chen: Being Your Actual or Ideal Self? What It Means to Feel Authentic in a Relationship. In *Personality and Social Psychology Bulletin 2017*

16 Gen 2,23

17 Gen 2,18

ist gegangen!» Sie konnte und wollte ohne ihren Mann nicht leben!

Zwei Freunde fuhren nach ihrem Abitur in das Priesterseminar, um es kennen zu lernen und an einigen Vorlesungen teilzunehmen. Nach einigen Tagen fragte der eine: «Ich glaube, ich trete hier ein und werde Priester. Wie steht es mit dir?» Sein Freund antwortete nachdenklich: «Weißt du, du hast mich zur Jugendgruppe mitgenommen und dort habe ich D. kennen gelernt. Ich kann nicht mehr ohne sie leben!» Auch hier wieder zeigt sich, wie einschneidend die Erfahrung sein kann, eine bestimmte Person als lebenslange Ergänzung zu brauchen.

Das Brautpaar Christus-Kirche

Jesus als menschlicher Bräutigam

Jesus Christus hat in seiner Menschwerdung alles echt Menschliche angenommen. Dabei hat er es von aller Unvollkommenheit gereinigt und zur Ebene seiner göttlichen Person erhoben. Wenn Jesus zum Beispiel gearbeitet, gegessen und gebetet hat, hat er wie ein Mensch gebetet, gearbeitet oder gegessen und das so getan, wie es zu ihm als Sohn Gottes passte. Wenn Jesus um seinen Freund Lazarus geweint hat, hat er wirklich geweint und tiefe Trauer empfunden, so tief, wie nur der Sohn Gottes trauern kann. Jesus hatte Mitleid mit den Kranken, und er empfand dieses Mitgefühl so herzlich und innig, wie es nur Gott selbst erleben kann.

Eines Tages brachte man einen Tauben zu Jesus, damit er ihn von seiner Krankheit heile. Jesus nahm ihn abseits «*und, gen Himmel blickend, seufzte er und spricht zu ihm: Ephata! das ist: Werde aufgetan!*[18]» Warum hat Jesus geseufzt, als er zum Himmel blickte? Er empfand die Taubheit dieses Menschen wie seine eigene Krankheit und brachte

18 Mk 7,34

das innere Seufzen und Stöhnen des Kranken vor Gott, so als ob es seine Krankheit sei.

Beim Gedanken an die Kleinen, denen der Vater seinen Sohn geoffenbart hat, jubelte Jesus und lobte Gott für seine Gnade.[19] Dieser Jubel Jesu war so groß und froh, wie nur der Sohn Gottes sich freuen kann. Alles im Leben Jesu auf Erden war echt menschlich und zugleich göttlich, weil es der Sohn Gottes selbst war, der in dieser hl. Menschheit auf Erden lebte. Er war in allem uns gleich, «*außer der Sünde.*»[20]

Es ist echt menschlich, dass es «*nicht gut für Adam ist, dass er allein ist.*» Auch Jesus sehnt sich nach seiner Braut, der Kirche: «*Ihr Männer, liebt eure Frauen, wie Christus die Kirche geliebt und sich für sie hingegeben hat, um sie, die er durch das Bad des Wassers im Wort gereinigt hatte, zu heiligen, damit die Kirche herrlich vor ihm stehe, nicht mit Flecken, oder Runzeln oder dergleichen, sondern heilig und makellos.*»[21] Diese Worte aus dem Epheserbrief beschreiben auch die «Vision», die Christus von seiner Kirche hat, so sieht er sie mit all ihren Möglichkeiten, so will er sie in das ewige Vaterhaus führen. Diese Vision ist frei von aller Illusion und Übertreibung, weil Jesus als Sohn Gottes voraussieht, dass und wie er diese Vision Wirklichkeit werden lässt. «*Und am Himmel erschien ein großes Zeichen: eine Frau, bekleidet mit der Sonne und der Mond unter ihren Füßen und auf ihrem Haupt eine Krone von zwölf Sternen.*»[22] Bekleidet mit der Sonne bedeutet, dass die Kirche voller Gnade ist, erfüllt von göttlicher Liebe, in tiefer Gemeinschaft mit der Hl. Dreifaltigkeit.

So sieht Jesus, der menschgewordene Gott, seine Braut. Sie ist sein ganzes Interesse, ihr will er gefallen, ihretwegen macht er sich verletzbar und verwundbar. Sie hat sein Herz getroffen und verwundet. Mit ihren Augen, die durch den Glauben sehen, verwundet sie sein Herz: «*Du verwundest mein Herz, meine Schwester Braut, du bezauberst mir das Herz*

19 Mt 11,25

20 Heb 4,15

21 Eph 5,25

22 Off 12,1

mit jedem Blick deiner Augen.»[23] *«Ganz schön bist du, meine Freundin, kein Fehl ist an dir!»*[24]

Die eine Braut

Dabei liebt er die Kirche und ihre Mitglieder als *eine* Braut. Es gibt zwar viele Menschen und viele Herzen in der Kirche, aber sie haben zusammen nur ein Herz und eine Seele: «*Die Gemeinde der Gläubigen war ein Herz und eine Seele. Keiner nannte etwas von seinem Besitztum sein eigen. Alles hatten sie vielmehr gemeinsam.*»[25] Unterschätzen wir diese Einheit der Kirche nicht, denn sie ist eine Wirkung des Hl. Geistes. Der Geist Gottes, der die Einheit des Vaters und des Sohnes ist, verleiht den Mitgliedern der Kirche eine ungeahnte Einheit. Diese Einheit geht zum Beispiel weit über die Einheit der Glieder unseres menschlichen Leibes hinaus. Was die Zweige eines Baumes eint, ist das Leben des Baumes. Was unsere Arme, Beine und Augen eint, ist unsere Seele. Der Mystische Leib Christi aber, die Kirche, wird vom Hl. Geist belebt und geeint und dies übersteigt bei weitem die körperliche Einheit eines Menschen. Es ist ein göttlicher Geist, ja, eine göttliche Person, die der Kirche eine innige Einheit verleiht. Von daher kommt es, dass die Kirche nur ein Herz und eine Seele hat. Damit ist sie die *eine* Braut Christi.

Das wird noch klarer, wenn wir das Denken und Wollen der Kirche betrachten. Was denkt oder will die Kirche? Sie handelt aus einer einzigen gemeinsamen Überzeugung, dem Glauben an Jesus, den Sohn Gottes. Sie hat nur eine Liebe: Jesus Christus, den Sohn Gottes. «*Denn ich hatte mir vorgenommen, bei euch nichts anderes zu kennen als Jesus Christus, und zwar den Gekreuzigten.*»[26] Die Kirche hat einen Glauben, eine Hoffnung, eine Liebe. Daher die ständige Ermahnung des hl. Paulus zur Eintracht. «*Der Gott der Geduld und des Trostes gewähre euch*

23 Hld 4,9

24 Hld 4,7

25 Apg 4,32

26 1 Kor 2,2

Eintracht untereinander nach dem Willen Christi Jesu. Damit ihr einmütig mit einer Stimme den Gott und Vater unseres Herrn Jesus Christus preist.»[27]

Man kann diese Einheit der Liebe der Kirche noch von einer anderen Seite betrachten. Nehmen wir einmal der Reihe nach alle Herzen der Kirche zusammen, die sich in der leidenden, streitenden und triumphierenden Kirche finden: Zunächst alle Seelen im Fegefeuer. Was ist ihre gemeinsame Sehnsucht anderes als das Verlangen, bei Jesus zu sein? Fügen wir zu dieser brennenden Sehnsucht die Liebe aller Menschen hinzu, die im Stand der Gnade sind. Wie oft trifft man Leute, die durch ihre liebevolle Entschiedenheit begeistern! Väter und Mütter, die voller Liebe alles für ihre Familie tun, oder Menschen, die sich aufopfern für die Kranken und dabei taktvoll, stark und gütig besorgt sind, dass es den Kranken an nichts fehlt. Fügen wir die Liebe aller dieser Tausenden oder Millionen von Menschen zur Sehnsucht der Armen Seelen hinzu. Mit dieser großen einen Liebe vereinen wir die Liebe aller ewig Geretteten im Himmel. Was wollen auch sie? Dass Jesus geliebt, gelobt und verehrt werde! «*Darauf sah ich eine große Schar, die niemand zu zählen vermochte, aus allen Völkern, Stämmen, Geschlechtern und Sprachen. Sie stehen vor dem Thron und vor dem Lamm, angetan mit weißen Gewändern und mit Palmzweigen in ihren Händen. Sie rufen mit lauter Stimme: ‹Das Heil ist bei unserem Gott, der auf dem Thron sitzt, und dem Lamm.›»*[28]

Aber selbst das beschreibt noch nicht vollständig die Liebe der Kirche. Denn zu dieser Flamme der Liebe aus dem Fegfeuer, von der Erde und von den Geretteten des Himmels müssen wir noch die Liebe der Heiligen im Himmel hinzufügen. Zum Beispiel den hl. Don Bosco, von dem es heißt: «Gott gab ihm ein Herz so weit wie der Strand am Meer.»[29] Oder den hl. Pius X., den seine Umgebung «brennendes Feuer» nannte. Oder die hl. Katharina von Siena, die den Kranken bis zur Erschöpfung diente. Vereinen wir diese Liebe aller Heiligen mit der Liebesflamme der Kirche. Und selbst diese gewaltige

27 Röm 15,5f

28 Offb 7,9

29 Messbuch am Fest des hl. Don Bosco.

Flamme aus Fegefeuer, Erde und Himmel ist noch nicht vollständig! Sie ist gekrönt durch die unsagbare Liebe des Unbefleckten Herzens Mariens, die größer ist als alle Liebe aller Heiligen zusammen. Sie ist ja die Frau, die mit der Sonne der Liebe Gottes umkleidet ist.[30] Erst jetzt haben wir die ganze Liebe der Kirche vor Augen, *ein* gewaltiges Feuer der Liebe! Was sagt und was will dieses Feuer der Liebe? Dass Jesus Christus gelobt, geliebt, verherrlicht und gepriesen werde! Es ist ganz klar, dass die vielen Herzen und Seelen «*ein Herz und eine Seele*» sind, denn sie leben nur *eine* Liebe, die Liebe zu Jesus. Diese Liebe der Braut-Kirche zu Jesus ist unvorstellbar reich und groß!

Es gehört zwar in eines der folgenden Kapitel, aber der Leser möge verzeihen, dass wir hier schon auf eine faszinierende Wirkung des Ehesakraments hinweisen. Die Liebe der Braut, die wir gerade beschrieben haben, ist im heiligen Sakrament in das Herz der christlichen Ehefrau gegossen[31], damit sie diese Liebe ihrem Mann schenke! Sie darf wirklich ihren Mann mit der ganzen Liebe der Kirche lieben, dies ist sogar ihr Auftrag! Was für ein schrecklicher Verlust und Rückschlag ist es daher, wenn in einer Ehe die gegenseitige Liebe ermüdet, stagniert oder erlahmt!

Kehren wir zurück zum Thema der Liebe Christi. Die Liebe des Herzens Jesu zur Kirche ist also die eines gott-menschlichen Bräutigams. Er nennt sich selbst den Bräutigam: «*Sie aber sagten zu ihm: Die Jünger des Johannes fasten viel und verrichten Gebete, ebenso die der Pharisäer, während die deinigen essen und trinken. Jesus entgegnete ihnen: Könnt ihr die Hochzeitsgäste zum Fasten anhalten, solange der Bräutigam bei ihnen ist?*»[32]

Er beginnt sein öffentliches Wirken bei einer Hochzeit[33] und zeigt damit seine Absicht, die Menschen zum ewigen Hochzeitsmahl zu führen. Dieses wird im Himmel auf ewig gefeiert werden:

30 Off 12,1

31 Röm 5,5

32 Lk 5,34

33 Joh 2,1ff

«Dann hörte ich wie die Stimme einer großen Schar, wie das Rauschen vieler Wasser und wie das Rollen starker Donner, die rief: ‹Halleluja! Denn zur Herrschaft gelangt ist der Herr, unser Gott, der Allmächtige. Lasst uns froh sein und jubeln und ihm die Ehre geben, weil gekommen ist die Hochzeit des Lammes. Seine Braut hat sich bereitgemacht, es wurde ihr gegeben, sich mit glänzend reinem Linnen zu kleiden.› - Das Linnen bedeutet die gerechten Werke der Heiligen. Dann sprach er zu mir: ‹Schreibe: Selig, die zum Hochzeitsmahl des Lammes geladen sind.› Er fügte hinzu: ‹Das sind die wahrhaftigen Worte Gottes.›» [34]

Wie oft haben wir schon die Stelle des Evangeliums gehört: «*Jesus fuhr fort, zu ihnen in Gleichnissen zu reden. Er sagte: ‹Mit dem Himmelreich ist es wie mit einem König, der für seinen Sohn die Hochzeitsfeier bereitete. Er schickte seine Knechte, die Geladenen zur Hochzeit zu rufen. Doch sie wollten nicht kommen.›*»[35] Wir sind da versucht, an ein Märchen zu denken, wo von Prinzen, Prinzessinnen und einem Schloss erzählt wird. Es handelt sich hier aber nicht um ein Märchen! Es ist schlicht und einfach die Realität der Ewigkeit!

Die Liebe zwischen Christus und der Kirche

Jesus Christus hat seiner Braut einerseits seine gottmenschliche Liebe geschenkt, und andererseits hat er eine ganz große Freude an ihr. Seine Liebe ist also sowohl Geschenk für sie, als auch Gefallen an ihr und Freude über sie.

Die Liebe als Geschenk

«*Gott aber erweist seine Liebe zu uns dadurch, dass Christus für uns gestorben ist, als wir noch Sünder waren.*»[36] Als wir noch Sünder waren, gefielen wir Christus nicht und trotzdem hat er sein Leben für uns hingegeben. Diese Liebe war reines Geschenk. Es ist wichtig, diese Art der Liebe zu beachten. Denn es gibt in der Ehe Momente, wo man mit dem Ehegatten nicht zufrieden ist. Da fällt es schwer, am anderen

34 Off 19,6-9

35 Mt 22,2

36 Röm 5,8

Gefallen zu finden. In diesen Augenblicken kann man sich erinnern, dass Liebe auch ein Geschenk ist, so wie Jesus uns schon seine ganze Liebe schenkte, obwohl wir ihm noch nicht gefielen. Das wird besonders in seinem Leiden deutlich. Am Ölberg hat Jesus voller Angst gesehen, wie seine Liebe zu seiner Braut ihn in einen Tsunami des Leidens eintauchte. Und er hat dazu «Ja!» gesagt. «*Eine größere Liebe hat niemand, als wer sein Leben hingibt für seine Freunde.*» Die erste Welle dieses Sturms brachte über ihn die Sündenschuld von mehr als 7 Milliarden Menschen und von endlosen Generationen vorher und nachher! Eine einzige Todsünde ist so abscheulich, dass sie ewige Strafe in der Hölle verdient. Und wie viele Sünden solcher Art hat Jesus von der ganzen Menschheit auf sich genommen! Dabei wurde seine Stirn von Blutschweiß getränkt, er hatte wildes Herzklopfen und spürte Todesangst! Die zweite Welle des Tsunami brachte über ihn und auf ihn alles Leid und alle Probleme und alle Schmerzen der Welt. Ja, sie brachte den Tod aller Menschen auf ihn. Und er sagte «Ja!» [37] Nach dieser abgrundtiefen Entscheidung der Liebe trat er den Leidensweg an: gefangen, verraten, verleugnet, verspottet, verachtet, geschlagen, gegeißelt, mit Dornen gekrönt, einem Mörder nachgesetzt, mit Nägeln durchbohrt, vom Vater verlassen und in grausamen Schmerzen gab er sein Leben für seine geliebte Braut. Wer findet Worte für diese Liebe?

«*Fürwahr, er hat unsere Leiden getragen, und unsere Schmerzen hat er auf sich geladen. Und wir, wir hielten ihn für bestraft, von Gott geschlagen und niedergebeugt; doch um unserer Übertretungen willen war er verwundet, um unserer Missetaten willen zerschlagen. Die Strafe zu unserem Frieden lag auf ihm, und durch seine Striemen ist uns Heilung geworden.*» Die Liebe als Freude über den anderen

Nachdem er uns seine Gnade und Verzeihung geschenkt hatte, empfand er eine unglaublich große Freude an uns. «*Meine Freude ist es,*

37 Joh 15,13

bei den Menschenkindern zu sein.»[38] Schauen wir uns einmal diese Liebe an, um zu begreifen, welche Freude Jesus an seiner Braut hat.

Seine Braut ist ganz durchdrungen vom Hl. Geist, dieser persönlichen Liebe Gottes. Die Kirche allein liebt Jesus, wie er es verdient, geliebt zu werden. Aus Millionen Herzen vom Fegfeuer bis hinauf in den Himmel sagt sie ihm mit einer Stimme und einem Herzen: «*Mein Geliebter ist mein, und ich bin sein, der unter den Lilien weidet.*»[39] In dieser Liebe glaubt sie ihm und glaubt an ihn, sie glaubt ihm die ungeheuerlichsten Dinge wie die Auferstehung der Toten, das ewige Leben und seine Gegenwart in der hl. Hostie. «*Die Liebe glaubt alles!*»[40] In dieser Liebe vertraut sie ihm, verlässt sich auf ihn, erwartet alles von ihm: «*Die Liebe hofft alles!*»[41] Diese Liebe zu ihm ist unglaublich stark: «*Stark wie der Tod ist die Liebe, viele Wasser können sie nicht auslöschen.*»[42] Welche Freude hat Jesus an dieser Liebe, diesem Glauben und diesem Vertrauen! Und diese Liebe der Kirche kommt Jesus von tausend, ja unzählbaren Seiten entgegen, denn jedes Mal, wenn in der Kirche etwas Gutes getan wird, trifft es sein Herz. «*Was ihr dem geringsten meiner Brüder getan habt, habt ihr mir getan.*»[43] So ist Jesus ganz begeistert von der Hingabe und Liebe seiner Braut: «*Wie schön ist deine Liebe, meine Schwester, meine Braut; wieviel besser ist deine Liebe als Wein, und der Duft deiner Salben als alle Gewürze!*»[44]

Eine weitere Freude für Jesus ist die Gnade, in der seine Braut strahlt: «*Ein großes Zeichen erschien am Himmel, eine Frau umkleidet mit der Sonne.*»[45] Die Strahlen der Sonne, die sie umgibt, bedeuten die göttliche Gnade, die die Kirche Gott ähnlich macht. Die beiden Heiligen

38 Spr 8,31

39 Hld 2,16

40 1 Kor 13,7

41 Ebd.

42 Hld 8,6

43 Mt 25,45

44 Hld 4,10

45 Off 12,1

Katharina von Siena und Theresia von Avila waren bestimmt keine Träumerinnen, und die Jahrhunderte alte Verehrung zeigt, dass man sie sehr ernst nehmen kann. Beide durften einmal in einer Vision die Schönheit einer Seele im Glanz der Gnade sehen. Katharina sagte nachher ihrem Beichtvater: «Herr Pater, wenn sie gesehen hätten, was ich gesehen habe, sie wären bereit, tausendmal zu sterben, bloß um diese Schönheit einer Seele zu geben.» Und die heilige Theresia sagte nachher: «Wenn ich nicht gewusst hätte, dass diese Seele nicht Gott ist, hätte ich sie für Gott gehalten!» Diese Visionen betrafen nur eine Seele. In welchem Glanz und welcher Schönheit strahlt die ganze Kirche mit unzähligen von begnadeten Seelen in den Augen Jesu! «*Wie schön du bist, meine Freundin! Wie bist du schön! - Gleich den Tauben sind deine Augen.*»[46]

Aber damit nicht genug. Die Kirche steht Jesus zur Seite und ist sein wahres «Gegenüber», seine Ergänzung. «*Es ist nicht gut für Adam, dass er allein ist. Ich will ihm eine Gehilfin machen, die ihm entspricht.*»[47] Die Kirche ist die Braut und Gehilfin Christi, sie trägt mit ihm das Kreuz[48], das königliche Werkzeug der Erlösung. Sie verbreitet sein Werk, das Reich Gottes, sie feiert mit ihm und durch ihn sein Lebenswerk, das hl. Messopfer, sie lehrt, tauft und leitet die Menschen in seinem Namen und seinem Sinn. «*Diese endlich ist Bein von meinem Bein und Fleisch von meinem Fleisch!*»[49] So rief Adam begeistert aus, als er Eva sah, von seiner Seite genommen und an seine Seite gestellt. Noch begeisterter ist Jesus von seiner Braut an seiner Seite! Erinnern wir uns, dass Jesus in seiner Menschwerdung alles angenommen hat, was echt menschlich ist, also auch die Freude eines Mannes über die Frau an seiner Seite. Jesus empfindet diese echt menschliche Liebe so herrlich und tief, wie es ihm als Sohn Gottes entspricht, eine unbegreiflich große Freude!

46 Hld 1,15

47 Gen 1,18

48 Kol 1,24

49 Gen 1,23

Oder schauen wir auf das Gebet der Kirche! Was bedeutet das Gebet für Jesus und die Kirche? Es ist Lebensgemeinschaft mit Gott, Austausch mit Gott, Begegnung mit Gott, dem Allmächtigen Vater! Wie betet also die Kirche? «*Denn wir wissen nicht, was wir beten sollen, so, wie es nötig ist. Da tritt der Geist mit unaussprechlichem Seufzen für uns ein.*»[50] Der Hl. Geist selbst betet also im Herzen der Kirche und im Sinne der Kirche, es ist ein unergründlich tiefes Gebet! Mit wie weitem Atem lebt die Kirche an der Seite ihres Bräutigams! Das tiefste Anliegen der Seele Jesu ist ja der Austausch mit seinem Vater, und auch hierin findet er seine Braut an seiner Seite. Sie versteht dieses tiefe Anliegen und begleitet ihn darin, belebt vom Hl. Geist, der Liebe und Wahrheit Gottes selbst![51] Es ist einfach ein herrliches und wunderbares Brautpaar!

Missstände und Irrtümer in der Kirche

Dabei dürfen wir uns von manchen Missständen und Sünden in der Kirche nicht verwirren lassen. Es ist zwar wahr, dass diese Sünden in der Kirche geschehen, da sie von Mitgliedern der Kirche begangen werden. Daran ist aber die Kirche als Gemeinschaft aller Gläubigen nicht beteiligt. Sie ist damit nicht einverstanden, jede Sünde ist gegen ihre Absicht. Zur Erklärung: Stellen wir uns einen Christen vor, der sagt «Lügen ist kein Problem!» Mit dieser Behauptung steht er allein da und hat sicherlich die Gemeinschaft der Christen nicht im Rücken. Oder stellen wir uns vor, ein Katholik würde die Erbsünde leugnen. Auch in diesem Fall ist die Kirche an seinem Irrtum nicht beteiligt, denn sie glaubt an die Tatsache der Erbsünde. Oder was ist, wenn ein Christ Gott lästert, ist das nicht ganz und gar gegen die Einstellung und Haltung der Kirche? So ließen sich jetzt noch viele Beispiele anführen, die alle das gleiche sagen: Die Kirche als Braut Christi ist mit Sünden und Irrtümern ihrer Glieder nicht einverstanden und daran nicht beteiligt. Sie ist heilig und makellos vor Jesus.

50 Röm 8,26

51 Konkret findet sich dieses Gebet auf Erden im Stundengebet und in der hl. Messe.

Auf der anderen Seite bejaht und beteiligt sie sich an noch so kleinen guten Worten und Taten, die Gott Freude bereiten. «*Am Unrecht hat sie kein Gefallen, freut sich aber an der Wahrheit.*»[52] So bleibt es wahr, dass Jesus Christus an seiner Braut, die er mit seinem kostbaren Leben und Blut erlöst hat, eine unsagbare, tiefe Freude empfindet. Ihr gilt die ganze Liebe seines Herzens. Alles, was wir aus Glauben und Gebet von der Liebe Jesu erfahren, gilt der Kirche und bezieht sich nur auf sie, denn sie ist seine einzige Liebe. Jesus liebt alle Menschen und ist für alle gestorben, aber mit dem Ziel und der Absicht, diese Menschen in seiner Kirche zu retten. «*Ich habe noch andere Schafe, die nicht aus diesem Schafstall sind. Auch die muss ich herbeiführen; sie werden auf meine Stimme hören, und es wird eine Herde und ein Hirt sein.*»[53] Am Ende der Tage gilt seine Liebe denen, die sich in seiner Kirche retten lassen. «*Ein Garten ist meine Schwester Braut, wohl verwahrt, ein verschlossener Brunnen, ein versiegelter Quell.*»[54]

Die Liebe als eheliche Liebe

Die eben beschriebene Liebe Christi und der Kirche findet sich in dem neuen und ewigen Bund von beiden. Dieser Bund ist das unerschütterliche, unzerreißbare, absolut sichere Band ihrer gegenseitigen Liebe. Jesus wird niemals aufhören, seine Braut zu lieben und für sie da zu sein. Er gehört der Kirche auf ewig. Die Kirche ihrerseits kann und wird Jesus nie verlassen, nie aufhören, ihn zu lieben, denn sie wird mit allmächtiger Gnade in dieser Liebe erhalten. Deshalb hat Jesus gesagt: «*Die Pforten der Hölle werden sie nicht überwältigen.*»[55] Der Bund der beiden ist absolut unzerstörbar. Was für eine wunderbare Sicherheit liegt deshalb in der Beziehung von Christus und Kirche!

52 1 Kor 13,6

53 Joh 10,16

54 Hld 4,12

55 Mt 16,18

Von dieser Liebe heißt es: «*Mein Geliebter ist mein, und ich bin sein, der unter den Lilien weidet.*»[56]

Christus und die Kirche sind daher in einem absolut unauflöslichen Band vereint. Dies ist der tiefste Grund, warum auch eine christliche Ehe nie und nimmer geschieden werden kann. Sie ist unauflöslich, weil Christus und die Kirche nicht zu scheiden sind.

Was ist die Absicht Gottes für das Sakrament?

Das Geschenk für die Ehegatten selbst

Wir haben nun eine Ahnung von der herrlichen Liebe zwischen Christus und der Kirche. Diese wunderbare Liebe ist im Ehesakrament in die Herzen der Eheleute gegossen. «*Die Liebe Gottes ist ausgegossen in unsere Herzen.*»[57] Dies bedeutet, dass die erstaunliche Liebe des Bräutigams Jesus zu seiner Braut in das Herz des christlichen Ehemannes gegossen ist. Er darf und soll diese Liebe seiner Ehefrau schenken, nicht theoretisch, sondern konkret im Alltag hier und heute. Dies ist nicht möglich ohne tägliche Zeichen der Liebe.[58] Jeder Ehemann hat Verantwortung für die göttliche Liebe, die Gott in sein Herz senkt. Er hat die Aufgabe, seiner Frau die Herrlichkeit und Schönheit der Liebe Jesu zu schenken und sie diese, so weit es irgendwie geht, erleben zu lassen.

Es bedeutet weiter, dass die Liebe der Kirche, die voller Respekt und Hingabe an Jesus ist, in das Herz der Ehefrau gesenkt ist. Sie hat die Aufgabe, diese Liebe der Kirche ihrem Ehemann zu schenken. In tausend Zeichen zärtlicher Liebe bringt sie ihrem Ehemann die ganze Liebe der Kirche entgegen. Auch sie hat eine Verantwortung für eine göttliche Liebe. Ihr Beruf ist es, ihren Mann die ganze unerhörte Schönheit der Liebe der Kirche zu schenken.

56 Hl 2,16

57 Röm 5,5

58 Eine Ehefrau sagte: «Wir brauchen diese Zeichen der Liebe wie das tägliche Brot!»

So will Gott, dass in der christlichen Familie schon die Liebe wohnt und lebt, die im Himmel beim ewigen Gastmahl für immer gefeiert wird. Die Liebe des christlichen Ehepaares gründet sich nicht nur auf zwei menschliche Herzen, sondern auf ein göttliches Herz und auf Millionen von menschlichen Herzen in der Kirche, die im Heiligen Geist einig und eins sind. Diese gewaltige Liebe fließt aus dem Herzen Christi und der Kirche in die Herzen der Ehegatten. Was für eine Atmosphäre der Liebe darf in einer christlichen Familie leben! Ist das nicht eine herrliche Aufgabe und ein großes Geschenk?

Diese wunderbare Liebe kann nicht leben, wenn sie nicht durch Zeichen der Liebe ausgedrückt wird. Hier sind besonders die Zeichen zärtlicher Liebe gemeint, die erst einmal nichts mit Sinnlichkeit zu tun haben: Liebevolle Worte, sich an den Partner anlehnen, den Arm um die Schultern legen, über das Gesicht streichen, liebevolle, aufmunternde Blicke, Stichworte, die sofort verstanden werden, ein frohes Gesicht schenken, offen reden usw. Wenn diese Zeichen der Zärtlichkeit fehlen oder unterlassen werden, ist es «der allergrößte Schaden für die Ehe.»[59] Es mag sein, dass diese Zeichen mit der Zeit vergessen gingen. Das muss nicht einmal beabsichtigt gewesen sein. Aber wie soll man bereit sein zu Ganzhingabe in der ehelichen Vereinigung, wenn diese Zeichen fehlen? Die Gefahr ist sehr groß, dass man sich benutzt vorkommt und dies ist sehr schädlich für das Vertrauen und die Liebe! Von da an geht es steil bergab! Gerade in entmutigten und enttäuschten Ehen kommt dies häufig vor.

Es bleibt nur eine Konsequenz: Wieder mit den Zeichen der Liebe beginnen! Stellen Sie sich vor, Sie würden Ihren Nachbarn nie grüßen und dabei behaupten, Sie seien der beste Freund des Nachbarn. Was für eine unmögliche Haltung!

Denken Sie an einen Musiker, der stundenlang von Vivaldi oder Mozart schwärmt, aber nie die Geige in die Hand nimmt und spielt. Oder an einen Spezialisten der Werke von Bach, der aber keines davon spielen kann. Das wäre ein seltsamer Musiker!

59 P. Dantec: Voyez comme ils s'aiment

In seiner Passion war der Leib Christi mit Blut und Wunden übersät. «*Von der Fußsohle bis zum Haupte ist nichts Gesundes an ihm: Wunden und Striemen und frische Schläge.*»[60] Sind das nicht alles Zeichen der Liebe, die seiner Braut zeigen, wie weit er für sie gehen will?

War es nicht am Hochzeitstag der größte Wunsch, dass die Liebe für immer hält und sogar wächst? Genau diesen Wunsch erfüllt das Sakrament, wenn es in die Herzen der Eheleute dieselbe Liebe eingießt, die das göttliche Brautpaar verbindet. Schon vor der Ursünde im Paradies gab es zwischen Adam und Eva eine herrliche bräutliche Liebe. Noch größer als diese ist die echt menschliche und bräutliche Liebe, die im Herzen Christi wohnt. Von ihr sagt die Braut im Hohenlied: «*Schöner als Wein ist Deine Liebe.*»[61] Diese bräutliche Liebe findet sich auch im Spiegel des Herzens Christi, im Herzen der Kirche. Diese Liebe also dürfen die christlichen Eheleute einander schenken und sogar darin wachsen. Anstatt dass sie nur auf die Kräfte des eigenen Herzens bauen, dürfen sie aus den Herzen Christi und der Kirche schöpfen. Auch hier gilt das Wort des Propheten Isaias: «*Ihr werdet in Freuden schöpfen aus den Quellen des Heilands.*»[62] Jedes liebe Wort, jede Freude, die man dem Partner macht, alle Zeit, alles Zuhören, die man dem anderen schenkt, alles das darf man aus dem Sakrament schöpfen. Wie das Ehepaar von Kana die Hochzeit mit dem Wein Jesu weiterfeiern konnte, der auf einmal gratis in ungeheurer Menge und höchster Qualität da war, so wird den Eheleuten hier ihr tiefster Wunsch erfüllt!

Diese herrliche Liebe von oben vergoldet alles, was zur ehelichen Liebe gehört: nicht ohne den anderen leben wollen, für ihn da sein, sich Zeit nehmen und zuhören, sorgen, dass es dem Partner gut geht, ihn annehmen, wie er/sie ist, Geduld haben, Freude bereiten, Interesse und Aufmerksamkeit schenken, Gemeinsamkeit pflegen, Einheit suchen, Wertschätzung und Dankbarkeit entgegenbringen, verstehen

60 Is 1,6

61 Hld 1,1

62 Is 12,3

wollen, gefallen wollen, sich einlassen auf die Art des anderen, Kompromisse in den Plänen machen, Lieblingswünsche erfüllen. Was die Frau dem Mann schenkt, schenkt sie Christus. Was der Mann für die Frau tut, tut er für die Kirche. Der Einsatz für die Ehe wird zu einer Nagelprobe für das Verhältnis zu Christus und der Kirche.

Auch das eheliche Zusammenkommen in Würde wird vergoldet. Es ist ja ein wichtiger Bestandteil des gemeinsamen Lebens, den man nicht ohne Einwilligung des Partners unterlassen darf und das nur für eine gewisse Zeit. «*Entzieht euch einander nur mit gegenseitiger Einwilligung für eine gewisse Zeit, um dem Gebete zu obliegen. Dann kommt wieder zusammen, damit euch der Satan nicht versuche, wenn ihr nicht enthaltsam sein könnt.*»[63]

Manche sind irritiert, dass darin oft so viel Leidenschaft liegt. Kann das vor Gott richtig sein? Der hl. Thomas von Aquin erinnert daran, dass es auf das Ziel ankommt, für das etwas geschieht. Selbst wenn hier große Leidenschaft im Spiel ist, ist das Ziel gut und damit das Tun in Ordnung. Über die heftige Leidenschaft sagt der hl. Thomas, dass sie einfach eine Folge der Erbsünde sei, aber in sich keine Sünde oder Schuld. Es ist wichtig, dies zu verstehen und die Leidenschaft richtig einzuordnen. Sonst wird auch dieses Thema zum Anlass, Ehe und Religion zu trennen. Solange das Zusammenkommen in Würde geschieht, ist es in Ordnung.

Grenzen und Fehler

Die herrliche Liebe aus dem Sakrament bezieht sich auch auf die Fehler und Schwächen der Partner. Die Liebe Christi und der Kirche ist ja in entscheidendem Maß eine Liebe zu den Sündern. «*Die Gesunden bedürfen nicht eines Arztes, sondern die Kranken; Ich bin nicht gekommen, Gerechte zu rufen, sondern Sünder zur Buße.*»[64] Wir müssen also eine Unterscheidung treffen, wie man den Ehepartner betrachtet: Einerseits sieht man in ihm Christus, bzw. die Kirche. Anderseits ist

63 1 Kor 7,5

64 Lk 5,31f

der Partner ein Mensch mit Fehlern und Schwächen. In dieser Sicht sind die Sünden und Fehler eine Wunde an Christus bzw. der Kirche. Hierzu gibt uns die hl. Gertrud aus dem 13. Jahrhundert ein eindrucksvolles Bild. Ihre Schriften zählen zu den Standardwerken der geistlichen Literatur. Sie schreibt:

«Als Gertrud wiederum für jemand betete, erschien ihr der Herr, der König der Herrlichkeit, der Herr Jesus, und zeigte ihr in der Gestalt seines Leibes den geheimnisvollen Leib der Kirche, dessen Bräutigam und Haupt er heißen und sein will.

Er erschien nämlich auf der rechten Seite seines Leibes mit königlichen Kleidern in hehrem Festschmuck, auf der linken Seite aber nackt und mit Geschwüren bedeckt. Hierbei erkannte sie, dass durch die rechte Seite des Herrn alle Auserwählten in der Kirche bezeichnet werden, denen der Herr durch ein besonderes Gnadengeschenk zur Erwerbung von Tugenden zuvorgekommen ist, durch die linke Seite aber die noch Unvollkommenen.

«Es gibt einige, welche die Fehler der Bösen und Unvollkommenen allzu hart verurteilen und durch ihre Ungeduld solche Menschen mehr verwunden als bessern, und diese scheinen die Geschwüre des Herrn gleichsam mit Fäusten wütend zu schlagen.

Es gibt solche, die um meine Geschwüre keine Sorge haben; das sind diejenigen, welche die Fehler des Nächsten erkennen und ihn selbst deshalb verachten. Nicht einmal mit einem Worte bestreben sie sich, ihn zu bessern, damit sie sich selbst keine Beschwerde zuziehen. Dabei betrügen sie sich durch die leere Entschuldigung, dass sie mit Kain sagen: ‹Bin ich denn etwa der Hüter meines Bruders?› Sie legen meinen Geschwüren ein Pflaster auf, aber nicht eines, was heilt, sondern meine Wunde vielmehr faulen macht und gleichsam Würmer darin erzeugt, da sie durch ihr Schweigen die Fehler des Nächsten wachsen lassen, während sie dieselben vielleicht durch einige Worte hätten bessern können.

Diejenigen aber, welche das, was sie bessern könnten, wenn auch nicht boshaft, jedoch sorglos übergehen, diese zertreten meine Füße.

Jene sodann, die, wenn sie selber nur ihre Lust befriedigen, unbesorgt sind, ob einer von meinen Auserwählten sich ärgert, die pressen meine Hände zusammen und durchstechen sie grausam mit feurigen Ahlen.»[65]

Es geht also darum, dass man die Fehler, Grenzen und Schwächen des Ehepartners als ein Leiden Christi bzw. der Kirche begreift. Hat nicht Jesus gesagt: «*Was ihr dem geringsten meiner Brüder getan habt, habt ihr mir getan.*»?[66] Dies hat für die Eheleute eine besondere Bedeutung. Ihre Ehe wird zu einem Ort der Barmherzigkeit, an dem sich das Werk des Erbarmens Gottes speziell ereignet. Das Lebenswerk Christi und der Kirche ist ein Mitleiden mit dem Sünder und dem Kranken. Die Ehe als Mit-leben mit ihnen kann nur ebenfalls ein Ort der Barmherzigkeit und des Mitleidens sein.

Betrachten wir es einmal mit den Augen des Herrn. Er hätte auf seinen Kelch des Leidens[67], den der Vater ihm reichte, Namen schreiben können: Simon Petrus, Judas, Thomas, Pilatus, Dismas, Kaiphas, Herodes, Malchus, Saulus, etc. Denn sein Leiden kam von diesen Menschen. Ja, im Grunde könnte er darauf Milliarden von Namen schreiben. Es sind die Namen all derer, für die und an denen er gelitten hat aus unendlicher Liebe. Sie alle sind die Verursacher seines Leidens, aber zugleich diejenigen, mit denen und an denen er leidet und für die er leidet. Zwei dieser Milliarden von Namen sind nun in einer Ehe in einem Haus verbunden. Ist es da ein Wunder, dass sie auch aneinander leiden, dass sie füreinander leiden, um so wirklich das Leben von Christus und Kirche mitzuleben?

65 Hl. Gertrud: Gesandter der Göttlichen Liebe, 3. Buch, Kapitel 68

66 Mt 25,40

67 Joh 18,11

Hierher gehören alle die kleinen und großen Reibungspunkte in der Ehe. Wie viele Ehefrauen oder -männer sind getroffen von dem ganzen Elend, das sie im Partner wahrnehmen. Das ist es nämlich, was in so vielen Fehlern und Grenzen offenbar wird:

> Der Vater unternimmt zu wenig mit den Kindern. Die Frau interessiert sich mehr für Pinterest als für ihren Mann. Der Mann verschließt sich und muss ständig etwas am Computer installieren und reparieren. Er hilft nie im Haushalt. Sie lässt ständig den Schlüsselkasten offen. Er lässt immer seine Socken auf dem Boden liegen. Sie kritisiert gerne an ihm herum. Sie kann nicht verstehen, dass er so gerne in die Berge geht. Und dabei hat er keinen Sinn dafür, dass sie sich nach Zeit, Zuhören und Zeichen der Liebe sehnt. Und so weiter.

Diese dauernden Missstände müssten eigentlich behoben werden, aber man lässt sich Zeit… Das alles kostet so viel Kraft und tut weh. Es ist enttäuschend und verletzend, ja zum Verzweifeln und man fragt sich, wo die Liebe geblieben ist. Hier bekommt man Einsicht, wieviel Jesus und die Kirche an den Menschen leiden. Dieser Mangel an Liebe ist für Jesus ein tiefer seelischer Schmerz. Seine Enttäuschung über die Menschen ist sehr groß. Und doch hört er nicht auf, sie geduldig und brennend zu lieben. Die Menschen sind sein Kreuz und er trägt sie mit Sanftmut und Geduld und Demut. Nie würde er aufhören, sie zu lieben. Auch hierin sollen die Eheleute am Leben Jesu und der Kirche teilnehmen.

Wie oft dürfen wir die Wirkung dieser mitleidenden Liebe Jesu und der Kirche erleben! Denken wir an die letzte gute Beichte, wo wir so richtig die Befreiung gespürt haben: Alle Sünden sind vergeben und vergessen, uns ist ein Stein vom Herzen genommen, wir haben eine neue Chance geschenkt bekommen und dürfen ohne Klotz am Bein wieder neu anfangen. Ist diese Freude der Vergebung nicht die Grundlage der christlichen Lebensfreude? Wie groß wäre die Last unseres Lebens ohne diese Verzeihung? Wie froh und friedvoll ist aber unser Leben mit diesen vielen neuen Chancen, mit dem ständigen Vergessen alter Lasten, mit dem Rückenwind der Gnade Gottes! Tatsächlich haben wir in der Beichte die Wirkung der Liebe von Christus und der Kirche erfahren. Denn der Priester ist nur ihr Werkzeug, er vergibt im Namen Christi und der Kirche. Dieselbe vergebende, befreiende, vergessende Liebe ist aber im Ehesakrament in die Herzen der Eheleute gegossen. Auch hier in der Ehe brennt die vergebende und vergessende Liebe, die immer neue Chancen gibt. Wenn wir ehrlich sind, können wir ohne diese nachsichtige Liebe nicht leben. Wir Menschen sind nun einmal schwach und brauchen immer wieder einen neuen Anfang.

Wir wollen noch einmal die Aufmerksamkeit darauf lenken, dass es sich um einen Dreiklang handelt: Vergeben-Vergessen-Neue Chance. Manch einer ringt sich zum Vergeben durch, beim Vergessen und bei der neuen Chance hört es aber auf. Wir kennen ja den berühmten Satz: «Verzeihen kann ich ihr, vergessen nie!» Da es kein Vergessen gibt, kommt nicht einmal der Gedanke einer neuen Chance auf. Man ist an bestimmte Warenhausketten erinnert. Für jeden Kauf bekommt man «Punkte», die mit der Zeit zu Rabatten verhelfen. Solche Punkte gibt es auch in der Ehe, allerdings im negativen Sinn. Mann und Frau vergessen nicht, was geschehen ist, sondern sie tragen es immer im Hinterkopf mit sich herum, so als ob sie Akten unterhalten müssten. Mit der Zeit kommt sehr viel an Enttäuschung, Verbitterung, Erinnerung, Entmutigung zusammen und wirkt wie eine bleierne Decke, wie eine dunkle Wolke, die die Sonne nicht mehr scheinen lässt. Werfen wir diese Decke ab, denn die Liebe Gottes im Herzen will das Vergessen! So viel Stellen in der Hl. Schrift sprechen davon:

«*Siehe, so ward mir zum Heil das bittere Leid. Du hast ja mein Leben bewahrt vor der Vernichtung Abgrund. Denn all meine Sünden warfst du hinter dich hin.*»[68]

«*Ich bin es, ich, der deine Schuld tilgt um meinetwillen, der deiner Sünden nicht mehr gedenkt.*»[69]

68 Is 38,17

69 Is 43,25

«Ich fege deine Frevel wie Wolken hinweg, deine Sünden wie leichtes Gewölk.»[70]

«Aller seiner Sünden, die er begangen hat, soll nicht mehr gedacht werden.»[71]

In vielen Fällen steckt eine Ehe genau deshalb in der Sackgasse, weil man diese Liebe nicht weitergeben will. Siebenmal vergeben kommt nicht in Frage, Siebenmal siebzigmal schon gar nicht. Verzeihen und Vergessen gehören aber zusammen, sie sind die zwei Seiten derselben Münze.

Wie wäre die Stimmung in einer Ehe, wenn jeder sich darauf verlassen könnte, beim anderen tausendmal Verzeihung und neue Chancen zu finden! Es wäre wie die befreiende Atmosphäre der Beichte! Diese Ehe würde nicht von Altlasten erdrückt, sondern hätte jeden Morgen die Sonne im Herzen. Dabei ist dieser Gedanke kein träumerischer Luxus, sondern er beschreibt die wahre Aufgabe der ehelichen Liebe. (Auf der anderen Seite verlangt diese Liebe nicht, dass man sich ausnutzen lässt. Nur dient dies leicht als Ausrede für das Nicht-Vergeben.)

> Eine Frau mit ca. 30 Ehejahren hatte einen Ehemann, der oft seine besonderen Launen und Ideen hatte. Er war wirklich nicht einfach. Sie kam ganz besorgt zum Priester und fragte ihn: «Ja, heißt das, ich soll ihm immer wieder verzeihen? Dann werde ich ja wieder verletzt!» Der Priester zeigte auf das Kreuz und fragte: «Wollte er nicht lieber tausendmal blutig verletzt werden, als die Liebe aufzugeben?»

Wenn Jesus in der Beichte verzeiht, sieht er sogar voraus, dass wir ihn bald wieder enttäuschen werden. Er ist allwissend und sieht unser ganzes Leben in einem Blick. Aber das lähmt oder hindert seine Liebe nicht. «*Stark wie der Tod ist die Liebe.*»[72]

70 Is 44,22

71 Ez 33,16

72 Hld 8,6

Auseinandersetzungen und Streit

Hierher gehört ein Wort über Auseinandersetzungen in der Ehe, die gewöhnlich in heftigem Streit enden. Oft landet man dabei immer wieder in der gleichen Situation: Beide sind furchtbar wütend und zugleich am Boden zerstört, dass der andere Teil nicht versteht. Darüber hinaus hat die Beziehung durch den Streit nur noch mehr Schaden genommen. Das tut am meisten weh. Ein solches Ehepaar befindet sich dann in einer teuflischen Spirale. Das Problem ist nicht gelöst, die Beziehung verletzt und man sieht keine Hoffnung auf Besserung, der nächste Anlauf wird genauso enden. Kein Wunder, dass die beiden mutlos und distanziert werden. Die Liebe erkaltet und resigniert. Der Ton ist hart. Der nächste Streit könnte noch schlimmer werden. Das sind auf Dauer schreckliche Aussichten.

Die Wahrheit ist, dass es sich wie um zwei Stockwerke handelt. Auf dem obersten Stockwerk läuft die bittere Auseinandersetzung, die immer am gleichen toten Punkt endet. Das ist die sichtbare Ebene.

Ein Stockwerk tiefer liegen andere Dinge verborgen, Dinge, um die es eigentlich geht. Selbstschutz, Angst vor Verlassenwerden, vor dem eigenen Versagen, Angst, für den anderen nicht mehr wichtig zu sein, Angst, verlacht oder verachtet zu werden, verletzte Selbstachtung, ja, Angst um die Festigkeit, Sicherheit und Verlässlichkeit der Liebe! Wird mein Partner mich so annehmen wie ich bin? Ist er wirklich auf mich eingestimmt? Wird er meine Sehnsucht nach Liebe und Zusammengehörigkeit verstehen? Wird er mir die Liebe schenken, die ich wirklich brauche und möchte? Wird sie mir die Anerkennung und den Respekt geben, die ich dringend brauche? Versteht er oder sie meine Gefühle wirklich? Kann ich mich auf seine oder ihre Liebe sicher verlassen?

Dabei kann es auch um Verwundungen und Enttäuschungen gehen, die der Ehepartner gar nicht bemerkt hat, die aber das Vertrauen zutiefst verletzt haben. So etwa, wenn die Frau eine Fehlgeburt hatte, und der Mann hatte nur den Rat, bei der nächsten Schwangerschaft weniger zu arbeiten.

Es sind diese Ängste und Fragen, um die es im Streit eigentlich geht. Aber sie sind zu persönlich und wichtig, als dass man sie offen ausspricht, wenn der Streit tobt.

Der erste Schritt besteht darin, radikal inne zu halten und sich zu sagen, dass der gegenwärtige Streit absolut nichts bessert und nicht zu dem führt, was man sucht. Das obere Stockwerk ist völlig wertlos, sinnlos und zerstörerisch. Keiner der beiden Ehepartner will das, was er auf diesem Stockwerk bekommt. Das ist kein Wunder, denn der Streit gehört zu den Werken des Alten Menschen: «*Offenbar aber sind die Werke des Fleisches, welche sind: … Feindschaft, Hader, Eifersucht, Zorn, Zank, Zwietracht, … und dergleichen, von denen ich euch vorhersage, gleichwie ich auch vorhergesagt habe, dass, die solches tun, das Reich Gottes nicht ererben werden.*»[73] Man kann aber eines davon mitnehmen: Die erstaunliche Energie, die sich hier zeigt, ist ein Zeichen, wie enorm wichtig für beide Eheleute das Thema Beziehung ist.

Wie kommt man dann in das untere Stockwerk? «*Nehmet auf euch mein Joch und lernet von mir, denn ich bin sanftmütig und von Herzen demütig, und ihr werdet Ruhe finden für eure Seelen.*»[74] Das Joch Christi ist das Kreuz, in dem wir uns und den anderen akzeptieren in echter Demut und Sanftmut. Es gilt also, sich in fester Demut und entschlossener Milde zu fragen, worum es beiden eigentlich geht: um die Liebe, um die Sicherheit und Stabilität der Beziehung, die beiden so äußerst wichtig ist. Wer hierzu noch mehr Anleitung wünscht, dem sei das Buch von Dr. Sue Johnson «Halt mich fest»[75] empfohlen. Es basiert auf christlichen Grundsätzen und kann eine große Hilfe sein.

Wenn man so auf der eigentlichen Ebene angekommen ist, wo die wirklichen Anliegen zählen und ausgesprochen werden können,

---

73 Gal 5,19ff

74 Mt 11,29

75 Sue Johnson: Halt mich fest. Sieben Gespräche zu einem von Liebe erfüllten Leben. Emotionsfokussierte Therapie in der Praxis

muss man ein Ohr und ein Herz haben für die Bedürfnisse: sich darauf verlassen dürfen, dass der andere immer da ist, erreichbar in seiner Liebe, auf die Achtung des anderen zählen können, auf seine/ihre Wertschätzung bauen können, auf seine/ihre ehrliche Liebe. Nur wenn diese Bedürfnisse anerkannt und geehrt werden, kann die Ehe blühen.

Man mag sich wundern, warum all diese Überlegungen im Kapitel über die Absichten Gottes für das Sakrament angeführt werden. Tatsache ist aber, dass die Liebe, die in die Herzen der Eheleute eingegossen ist, wesentlich eine barmherzige, heilende, verzeihende Liebe ist. Nach Gottes Willen geht es also auch um die Liebe, die sich barmherzig verschenkt.

Was bedeutet diese Liebe für die Kinder

Die Kinder in der Ehe sind getauft und damit hat Gott seine eigenen Kinder in die Hände von Vater und Mutter gelegt. Da Gott seine Kinder so sehr liebt, will er, dass sie vom ersten Tag an von der ewigen Liebe umgeben sind, die ihnen in Christus und der Kirche entgegenkommt. Deshalb gießt er diese Liebe in die Herzen von Vater und Mutter. Ihre schöne Aufgabe ist es, dem Kind Gottes ein Spiegel der Liebe und Wertschätzung des ewigen Vaters zu sein.

Die herzliche Einheit von Vater und Mutter, die die erste Wirkung der Liebe ist, ist für die Kinder die größte Freude. Kinder nehmen nur das als wertvoll in sich auf, was sie auch als solches erlebt haben. Nur wenn die Kinder diese Einheit bei den Eltern auch gespürt haben, können sie den Wert der Einheit und Liebe erfassen. Nur dann ist ihnen die Einheit in der Liebe wertvoll. «*Seid eifrig bemüht, die Einheit des Geistes zu bewahren im Band des Friedens.*»[76] Jesus betete zum Vater: «*Und die Herrlichkeit, die du mir gegeben hast, habe ich ihnen gegeben, auf dass sie eins seien, gleichwie wir eins sind.*»[77] Zwischen den Eltern soll also eine Einheit herrschen wie zwischen den göttlichen Personen

76 Eph 4,3

77 Joh 17,22

der hl. Dreifaltigkeit! Nach den Worten Jesu steht den Ehepartnern dafür die Herrlichkeit Gottes selbst zur Seite, denn diese Herrlichkeit hat eine göttlich einende Kraft. Alles, was sich in der Familie über Monate hin abspielt, hinterlässt tiefe Spuren in den Herzen der Kinder und lebt fort in die nächsten Generationen. Hier ist wirklich die Chance, «Zukunft zu gestalten».

Wir haben es hier mit dem Hauptzweck der Ehe zu tun, die an erster Stelle für die Kinder da ist. Die Eltern sind ein Brief Gottes an die Kinder. «*Offenkundig seid ihr ein von uns ausgefertigter Brief Christi, geschrieben nicht mit Tinte, sondern mit dem Geist des lebendigen Gottes, nicht auf steinernen Tafeln, sondern auf fleischernen Tafeln des Herzens.*»[78] In diesem herrlichen Brief lesen die Kinder von morgens bis abends und lernen daraus etwas von der Liebe, die Christus selbst und die Kirche verbindet. Sie lernen auch die entscheidende Botschaft von der Barmherzigkeit, dem nachsichtigen Mitleid, von der Verzeihung, vom Vergessen der Sünden, und von der neuen Chance! Ohne die Mithilfe der Eltern kann diese Botschaft nur schwer in den Herzen der Kinder ankommen!

Der Wert für die Kirche und die Umgebung

Im Sakrament wird das Eheleben zu einem Licht für die Welt. Es leuchtet nicht nur in der Familie, es strahlt auch in die Umgebung. Dieses Licht spricht von der auf Erden unbekannten Liebe, die Jesus und die Kirche verbindet. Im Herzen der Eheleute brennt das Feuer, von dem Christus sagt: «*Ich bin gekommen, Feuer auf die Erde zu werfen, und wie wünschte ich, wenn es schon entzündet wäre!*»[79] Auch durch eine gute Ehe wirft Christus dieses Feuer auf die Erde.

78 2 Kor 3,3

79 Lk 12,49

Häufige Fehler

Jede Ehe hat ihre eigenen Schwierigkeiten, sodass es unmöglich ist, auf alle Fehlentwicklungen einzugehen. Deshalb sprechen wir hier nur von einigen typischen Fehlern, die uns aber zeigen, in welchem Licht diese Sünden betrachtet werden müssen. Dabei sollten wir von der weltlichen Denkweise wegkommen, die meint, dass Fehler gegen den Ehepartner reine Privatsache seien. In Wirklichkeit ist auch das Verhältnis zu Gott, zu Christus und der Kirche betroffen.

Versuchen wir zu verstehen, was Stagnation, Resignation, Aufgeben, Vernachlässigung, Reduzierung der ehelichen Liebe bedeutet.

Heute stehen viele christliche Ehen unter dem Einfluss des Pessimismus der Welt in Bezug auf die Ehe. Auch sie meinen, es sei ein Glücksfall, wenn die Liebe nicht abnimmt, sondern wächst. Wenn nun ein Ehepaar die Liebe und das Verzeihen aufgibt und immer mehr resigniert, vermehrt es diesen schädlichen Pessimismus in der Welt. Statt froh zu Christus und Kirche zu stehen, leben sie auf der Seite der «Welt» und machen Werbung für die negative Sicht der Ehe. Es gibt Kinder von religiösen Familien, die aber an der Ehe als solcher verzweifeln, weil sie das Drama der Kälte bei ihren Eltern erleben mussten. So sind diese resignierten Ehen eine schwere Last für ihre Kinder und für die nächsten Generationen.

Was ist das Allerwichtigste in der Religion? Die Liebe. Was ist das Gebot Christi schlechthin? «*Dies ist mein Gebot, dass ihr einander liebet, gleichwie ich euch geliebt habe.*»[80]

Das Aufgeben oder Reduzieren der Liebe in der Ehe bedeutet ein Nein zum Auftrag Christi. Es geht um nicht mehr und nicht weniger als um das Hauptgebot Christi, um einen Kernpunkt des Evangeliums! «*Wer den Bruder nicht liebt, bleibt im Tod.*»[81] Das hat eine spezielle Bedeutung in der Ehe. Wer in der Ehe die Liebe von Christus und der Kirche nicht mitlebt, bleibt im Tod. Oft ist es doch so, dass es zu mühsam und schwer erscheint, den Partner mit seinen Fehlern,

---

80 Joh 15,12

81 1 Joh 3,14

Schwächen und Launen zu ertragen. Die tägliche Barmherzigkeit und die ständig notwendige Geduld verlangen Selbstverleugnung und Durchhaltewillen. Das ist die tägliche Last auf den Schultern der Eheleute. In der resignierten, distanzierten Ehe nimmt man von dieser Mühe Abstand.

Christus hat uns als seine Last auf den Schultern getragen. Wenn man aber in der Ehe die Liebe aufgibt, oder auf Distanz geht, wirft man diese Liebe Christi ab. Das ist das eigentliche Drama einer stagnierten Ehe. «*Er war verachtet und verlassen von den Menschen, ein Mann der Schmerzen und mit Leiden vertraut, und wie einer, vor dem man das Angesicht verbirgt; er war verachtet, und wir haben ihn für nichts geachtet. Fürwahr, er hat unsere Leiden getragen, und unsere Schmerzen hat er auf sich geladen.*»[82] Ja, sein Lebenswerk ist die Liebe zu den Sündern, das Mitleiden mit ihnen. Er nimmt die Menschen, wie sie sind, und schenkt ihnen umsonst seine rettende Liebe. Will man ihn darin verlassen? Setzt man ihm da nicht die Dornenkrone auf?

Eltern erleben immer wieder, wie schnell sich Spannung unter ihnen negativ auf die Kinder auswirkt. Viel Unruhe und Launenhaftigkeit haben hier ihre Wurzeln. Erst recht, wenn sich die Spannung über Jahre oder Monate hinzieht, schlägt sich das unweigerlich auf die Lebenshaltung und das Gemüt der Kinder nieder. Wie viele Menschen erlebt der Seelsorger, die von den Eltern entweder bleibende Wunden oder bleibende Schätze erhalten haben!

Gehen wir also auf eine Reihe von Fehlern gegen die Liebe ein, indem wir eine Art Gewissensspiegel bieten.[83]

> Habe ich gegen die Liebe gesündigt? Durch Mangel an Respekt? Habe ich die Zeichen der Liebe zu meinem Ehegatten vernachlässigt? War ich kalt oder gleichgültig? Egoistisch? Habe ich mir zu wenig Zeit für den Ehegatten genommen? Habe ich die besonderen, aber wahren Bedürfnisse des anderen übersehen? Habe ich mich nur auf die Kinder konzentriert? Oder

82 Is 53,3

83 Für einen ausführlichen Gewissensspiegel siehe Anhang.

auf den Beruf? War ich verschlossen? Distanziert? Habe ich zu wenig das gemeinsame Leben gepflegt, das Leben für meinen Ehegatten? Keine gemeinsamen Ziele verfolgt? Habe ich es unterlassen, nach innerer Einheit zu suchen? War ich nachtragend und wollte nicht vergessen? Habe ich zu viel von meinem Ehegatten erwartet oder verlangt? Habe ich durch Streit der Liebe geschadet? Durch Eigensinn? Durch Ungeduld? Durch Unbarmherzigkeit? Habe ich nicht mehr versucht, dem anderen zu gefallen? Habe ich meinen Ehepartner nicht ertragen wollen? Ihn verachtet? Habe ich ihm zu wenig Wertschätzung und Dankbarkeit entgegengebracht? Habe ich zu sehr auf die Fehler meines Ehegatten geachtet? Habe ich dem anderen den notwendigen Freiraum verweigert? War ich misstrauisch? Eifersüchtig? Besitz ergreifend? Habe ich der Beziehung durch Launen und Stimmungen geschadet? War ich überempfindlich? Habe ich mich verstellt? Eine Rolle gespielt? Den anderen angelogen?

Der besondere Zug der Liebe ist, dass sie dem Ehepartner das schenkt, was er wirklich und konkret braucht. Am Altar galt das feste Jawort diesem bestimmten Menschen mit seiner Herkunft, seiner Geschichte, seinen Wunden und Bedürfnissen, seinen persönlichen Anlagen. Der Ehepartner ist nichts Abstraktes, sondern ein konkreter Mensch mit echten individuellen Bedürfnissen. Er trägt den Rucksack der persönlichen Geschichte.

Eine Frau hatte es als Kind von 4 Jahren erlebt, dass der Vater sie beim Skifahren allein beim Lift ließ, wo sie sich selbst das Skifahren beibringen sollte. Ihr Vater fand das zu mühsam und fuhr mit den Geschwistern ab. Dieser schlimme Fehler des Vaters erschütterte ihr Vertrauen so sehr, dass sie das Leben als Ganzes als ein großes Risiko empfand. Sie heiratete einen Mann, der immer neue Pläne hatte und dadurch die Familie in finanzielle Schwierigkeiten brachte. Er verstrickte sich in immer neue Schulden, die er wie ein Jongleur in der leeren Luft hielt. Statt seiner Frau das Wichtigste zu geben, nämlich Sicherheit, untergrub er das Fundament der Familie. Die Ehe zerbrach.

Ihre Kinder nahmen ihrerseits einen Schaden für ihr Leben mit… Vor lauter Plänen hatte der Vater den einzig wichtigen Plan vergessen, nämlich liebevoll seiner Frau das zu geben, was sie brauchte.

Oft hat die Liebe abgenommen, ohne dass man sich viele Gedanken darüber gemacht hat. Die Haltung der Welt, dass das eheliche Verhältnis nichts mit Gott zu tun habe, hat einen blind gemacht für das, was da eigentlich geschah. Manchmal ist man so in den Alltag versunken, dass man die großen Linien nicht mehr bemerkt. Es gibt also manche Gründe für Nachsicht. Aber die Frage bleibt: Ist das richtig so, darf man dabei bleiben? Ist es nicht religiöse Lauheit, wenn man das Hauptgebot der Religion auf «kleiner Flamme» hält? Jesus warnte schon die ersten Gemeinden vor Lauheit: «*So spricht, der das Amen ist, der treue und wahrhaftige Zeuge, der Anfang der Schöpfung Gottes: Ich kenne deine Werke. Du bist weder kalt noch warm! Wärest du doch kalt oder warm! Weil du aber lau bist und weder kalt noch warm, so will ich dich aus meinem Munde ausspeien.*»[84] Ein lauer Mensch oder eine laue Ehe ist also weder eifrig noch der Sünde hingegeben, es ist die bewusste Mittelmäßigkeit, die für die Ehe und Familie so gefährlich ist.

Christus will, dass wir uns bekehren und wieder anfangen so zu lieben, wie er uns geliebt hat, und das hat in der Ehe eine eigene Form: Einander so lieben, wie Christus und die Kirche einander lieben. Ja, auch in der Ehe braucht es manchmal eine echte Bekehrung.

Vielleicht erscheint diese Veränderung sehr schwer, besonders wenn die weltliche Haltung in der Ehe zur Gewohnheit geworden ist. Es ist viel vorgefallen, vielleicht viel zerstört. Da braucht es einen ehrlichen Neuanfang von beiden Seiten. Warum nicht damit zu Jesus gehen und in einer Generalbeichte ihm alle Schuld der vergangenen Jahre in die Hände legen? Wenn wir nach Hause zurückkehren wollen, kommt er uns wie der barmherzige Vater entgegengelaufen, zieht uns an sein Herz und feiert ein Festmahl mit uns. Wollen Sie dieses Festmahl nicht auch in Ihrer Ehe erleben?[85]

84 Offb 3,15

85 Am Ende des Buches findet sich eine kleine Hilfe nach Art eines Gewissensspiegels, um

Leben als Haupt und Leib

Wie leben Christus und die Kirche als Haupt und Leib?

In jeder hl. Messe ist Christus, der Bräutigam zugegen, erst geistig im Priester, dann nach der Wandlung auf dem Altar. Auch die Kirche ist gegenwärtig, denn jede hl. Messe ist ein Tun der ganzen Kirche. Jedes Mal, wenn die hl. Messe gefeiert wird, ist die Braut Christi bei Christus. Keine Messe ist rein privates Gebet, immer geschieht die Feier im Namen und Auftrag der ganzen Kirche. Sie ist da im geweihten Priester, der ihr Vertreter ist, in den Heiligen, die gegenwärtig sind, in Maria vor allem, die unter dem Kreuz steht und in den getauften Gliedern der Kirche, den Gläubigen. So ist jede Messe auch eine Handlung der Braut Christi. Sehen wir uns dieses Brautpaar an, wie es bei uns ist und betrachten wir die hl. Messe unter diesem Aspekt.

Christus und die Kirche sind hier auf zweifache Weise verbunden: Durch die unsagbare Liebe, die beide verbindet, und dadurch, dass Christus das Haupt der Kirche ist. Sie verehrt ihn als ihren König und Herrn. Es ist so klar, dass wir fast gar nicht mehr daran denken: Sie verehrt ihn als Haupt, dem sie untergeben ist (*«Du allein bist der Heilige, Du allein der Herr, Du allein der Allerhöchste, Jesus Christus!»*[86]), sie führt seinen Auftrag aus in der Feier der hl. Messe (*«Tut dies zu meinem Gedächtnis»*), sie lebt für ihn und ist seinetwegen da, sie führt ihre Kinder zur Liebe und Verehrung des Christkönigs. Die ganze Gemeinde,

diese Rückkehr vorzubereiten.

86 Gloria der hl. Messe.

ja der ganze Kirchbau ist auf Christus am Kreuz und im Tabernakel ausgerichtet, es ist die Ausrichtung des Leibes Christi auf das Haupt hin. Jesus ist da und leitet seine Kirche, er hört auf ihre Gebete, tritt für sie ein zu ihren Gunsten. Von ihm als Haupt erhalten die Kirche und ihre Kinder alle Gnaden und Hilfen, die sie erbitten. Man spricht dabei von der *gratia capitis*, der Gnade des Hauptes, aus der alle anderen Gnaden für die Kirche wie aus einer Quelle strömen.

Dieser Titel als Haupt und König kommt Jesus Christus als Sohn Gottes, als Schöpfer und Erlöser zu, sowie als Messias, dem alle Völker zum Erbteil von Gott geschenkt sind. «*Ich künde des Herrn Beschluss! Er sprach zu mir: «Mein Sohn bist du! Heute habe ich dich gezeugt. Richte den Wunsch an mich, und zum Erbe gebe ich dir die Völker, zum eigenen Besitz die Enden der Erde.*»[87] Der Kolosserbrief zählt das Königtum Christi unter seinen Ehrentiteln auf: «*Alles ist durch ihn und auf ihn hin erschaffen. Er ist vor allem und alles hat in ihm seinen Bestand. Er ist das Haupt des Leibes, der Kirche.*»[88]

Ein sehr eindrucksvolles Bild des Christkönigs gibt uns die Offenbarung des hl. Johannes: «*Und ich wandte mich um, den Sprechenden zu sehen. Und als ich mich umgewandt hatte, sah ich sieben goldene Leuchter und inmitten der Leuchter einen, der einem Menschensohn ähnlich war, bekleidet mit einem bis auf die Füße reichenden Gewand und einem goldenen Gürtel um die Brust. Sein Haupt und seine Haare waren weiß wie schneeweiße Wolle, seine Augen wie Feuerflammen, seine Füße wie im Ofen geglühtes Erz und seine Stimme wie das Rauschen vieler Wasser. In seiner Rechten hielt er sieben Sterne. Aus seinem Mund kam ein scharfes, zweischneidiges Schwert. Sein Antlitz strahlte wie die Sonne in ihrer vollen Kraft. Bei seinem Anblick fiel ich wie tot zu seinen Füßen. Doch er legte seine Rechte auf mich und sprach: «Fürchte dich nicht! Ich bin der Erste und der Letzte und der Lebendige. Ich war tot, aber siehe, ich lebe in alle Ewigkeit. Ich habe die Schlüssel des Todes und des Totenreiches.*»[89]

87 Ps 2,7f

88 Kol 1,16-18

89 Offb 1,12-18

Und weiter: «*Auf seinem Mantel steht in Hüfthöhe der Name geschrieben: «König der Könige, Herr der Herren.*»[90]

Diese Vision des hl. Johannes gibt uns einen Eindruck von der gewaltigen Majestät und Transzendenz des Königs der Könige, der vom allmächtigen Gott zur Herrschaft eingesetzt worden ist.

Nun ist es entscheidend zu verstehen, welche Art von König Jesus ist. Es ist wichtig, genau hinzuschauen, um nicht in unwürdige Klischees und Vorurteile zu verfallen. Beim letzten Abendmahl zeigte Jesus sich als Meister und Herr, aber auch als Diener. Er legt Wert darauf, dass er beides ist: «*Obwohl er wusste, dass der Vater ihm alles in die Hände gelegt, dass er von Gott ausgegangen sei und wiederum zu Gott zurückkehre, erhob er sich vom Mahle, legte seine Oberkleider ab, nahm ein Leinentuch und legte es sich um. Dann goss er Wasser in das Becken und begann, den Jüngern die Füße zu waschen und sie mit dem Leinentuch, das er sich umgebunden hatte, abzutrocknen.*» - «*Nachdem er ihnen nun die Füße gewaschen, sein Obergewand wieder angelegt und am Tisch Platz genommen hatte, sagte er zu ihnen: ‹Versteht ihr, was ich an euch getan habe? Ihr nennt mich ‚Meister' und ‚Herr', und ihr habt recht; ich bin es. Wenn ich euch nun die Füße gewaschen habe, ich, euer Herr und Meister, dann müsst auch ihr einander die Füße waschen. Ich habe euch ein Beispiel gegeben, damit ihr so tut, wie ich an euch getan habe.*›»[91] Jesus ist Herr und Diener zugleich. Das unterscheidet ihn von allen weltlichen Herren und Herrschern. «*Er aber sagte zu ihnen: ‹Die Könige der Völker herrschen über sie, und ihre Machthaber werden Wohltäter genannt. Bei euch aber sei es nicht so, sondern der Größte unter euch sei wie der Geringste und der Vorgesetzte wie der Dienende. Wer ist denn größer: der zu Tisch sitzt, oder der bedient? Ist es nicht der, der zu Tisch sitzt? Ich aber bin in eurer Mitte als der Dienende.*›»[92]

Jesus ist der Herr der Herren und König der Könige, aber immer zugunsten und zum Vorteil seiner Kirche. Man kann nicht eine

90 Offb 19,16

91 Joh 13,3-15

92 Lk 27

Minute in seinem Leben nennen, wo er nicht etwas für seine Brüder und Schwestern in der Kirche getan, gelitten oder gebetet hat.

Wie trat dieses Königtum Christi in seinem Leben in Erscheinung? «*Er ging hinab nach Kapharnaum, einer Stadt in Galiläa, und lehrte dort am Sabbat. Und sie gerieten außer sich über seine Lehre, denn seine Worte waren voller Macht. In der Synagoge war ein Mann mit einem unreinen Geist. Er schrie mit lauter Stimme: ‹Was haben wir mit dir zu tun, Jesus von Nazareth? Bist du gekommen, uns zu verderben? Ich weiß, wer du bist: der Heilige Gottes.› Jesus drohte ihm und gebot: ‹Schweig und fahre aus von ihm!› Da warf ihn der Dämon in die Mitte und fuhr von ihm aus, ohne ihm Schaden zuzufügen. Staunen ergriff alle, und sie sagten zueinander: ‹Welch ein Wort! Mit gewaltiger Macht gebietet er den unreinen Geistern, und sie fahren aus!›*»[93] Wir hören hier, dass Jesus seine Lehre voller Macht vorgetragen hat. Das war so beeindruckend, dass seine Zuhörer aus der Fassung gerieten! In gleicher Weise spricht auch die Austreibung der Dämonen von seiner Macht. Damit zeigt sich, dass seine Herrschaft ein Reich der Wahrheit und der Liebe ist. Wie souverän und majestätisch gebietet er dem Teufel und verkündet das Reich seines Vaters!

In dieser Macht sendet Jesus seine Braut, die Kirche: «*Mir ist alle Macht gegeben im Himmel und auf Erden. So geht darum hin und macht alle Völker zu Jüngern, indem ihr sie tauft auf den Namen des Vaters und des Sohnes und des Heiligen Geistes, und sie lehrt, alles zu halten, was ich euch geboten habe. Seht, ich bin bei euch alle Tage bis zum Ende der Welt.*»[94]

Der Christkönig beteiligt seine Braut an dieser Herrschaft. Was die Kirche auf Erden bestimmt, gilt bis in den Himmel. «*Wahrlich, ich sage euch: Alles, was ihr auf Erden bindet, soll auch im Himmel gebunden sein, und alles, was ihr auf Erden löst, soll auch im Himmel gelöst sein.*»[95] Er delegiert ihr so viele Aufgaben, die sie in seinem Auftrag und für ihn erfüllt. Dabei respektiert er ihre Entscheidungen. Im Leben der hl. Theresia von Avila finden wir die Episode, dass Jesus der hl. Theresia

93 Lk 4,31-36

94 Mt 28, 20

95 Mt 18,18

einen Auftrag gab, dabei aber hinzufügte: «Frage aber noch deinen Beichtvater!» Theresia ging hin und fragte ihren Beichtvater. Dieser aber sagte «Nein» zu ihrem Vorhaben. Jetzt stand die hl. Theresia zwischen dem Auftrag Jesu und dem Verbot des Beichtvaters. Sie wählte… den Willen des Beichtvaters. Wenig später erschien ihr Jesus noch einmal mit den Worten: «Du hast richtig gehandelt! Überlasse mir nur den Beichtvater!»

Der Kirche hat er die Sündenvergebung in die Hände gelegt, seine drei Ämter, Lehramt, Priesteramt und Leitungsamt, und vor allem sein Lebenswerk der Erlösung in der Feier der hl. Messe, das er mit und in der Kirche jeden Tag erneuert. Ist es nicht ein Zeichen großer Liebe und Wertschätzung, wenn er seiner Braut so Großes in die Hände legt?

Die Kirche ihrerseits lebt in Unterordnung unter den Christkönig. Die Kirche ist die Gefährtin und Helferin[96] Christi, denn sie ist die Neue Eva. Sie lebt an seiner Seite als geliebte Braut und Gefährtin. Sie kennt nichts anderes, als ihrem Bräutigam und König in der Vollbringung seines Lebenswerks zur Seite zu stehen. Die Haltung der Kirche ist voller Anerkennung für Christus. Sie lobt ihn und anerkennt ihn bei allem, was sie tut. Mag die ganze Welt ihn verspotten, ablehnen und verlachen, sie steht zu ihm und glaubt an ihn. Stellen wir uns irgendeinen Menschen vor, der von seinen engsten Mitarbeitern in Zweifel gezogen wird, oder von seinem Vorgesetzten entlassen wird. Wenn dann seine Frau zu ihm sagt «Ich glaube aber an dich!» hat das eine besondere Bedeutung! Auch in diesem Sinn steht die Kirche zu ihrem Bräutigam Christus und glaubt an ihn. Natürlich bedeutet der Glaube zunächst die liebevolle Annahme der Offenbarung, die Jesus gebracht hat. Aber in dieser Annahme liegt auch die Hingabe, Anerkennung und ewige Bindung des Bekenntnisses «Ich glaube an dich!» Nicht umsonst haben die Kirchenväter immer wieder im jungfräulichen Glauben der Kirche einen Ausdruck ihrer Ganzhingabe an den Herrn gesehen.

96 Gen 2,18

Weil Christus ständig für seine und zugunsten seiner Kirche gehandelt hat, und versprochen hat, alle ihre Wünsche und Gebete zu erfüllen[97], hat die Kirche ein unendliches Vertrauen in die Herrschaft Christi. Aus diesem Vertrauen heraus und im Wissen um seine Herrschaft unterwirft sich die Kirche ihrem Bräutigam.

So muss ein Mann sich das Vertrauen seiner Frau erarbeiten. Genau dieses Vertrauen in die Liebe, Kompetenz und Zuverlässigkeit des Mannes bildet die notwendige psychologische Grundlage für die Unterordnung der Frau. Kann man von der Frau verlangen, dass sie sich einem launenhaften, herrschsüchtigen und egoistischen Mann unterordnet und ihm gehorcht? Das wäre so schwer, wie wenn Kinder einem alkoholkranken Vater gehorchen sollen!

Was will Gott durch diese Seite des Sakraments der Ehe und Familie schenken?

Der Grund, warum Jesus das Haupt der Kirche ist, ist also sein Königtum. Die Ehegatten dürfen auch in diesem Punkt am Leben von Christus und der Kirche teilnehmen. Sie sind ja im Sakrament ein Zweig am Stamm Christus-Kirche. Was im Stamm lebt, lebt auch in den Zweigen. Dieses Leben des Stammes Christus-Kirche besteht ja auf der einen Seite in der unendlichen Liebe, die beide verbindet und auf der anderen Seite im Leben als Haupt und Leib. Deshalb lebt im Ehemann die Autorität des Christkönigs, der seiner Braut dient, und in der Ehefrau lebt der Respekt und die Ehrfurcht, die die Kirche vor Christus hat. Dieser Satz muss vielleicht zweimal gelesen werden, um in seiner Tragweite erkannt zu werden! Es geht um das konkrete Leben des Brautpaares Christus-Kirche, das im Himmel ewig gefeiert wird, und das das einzige Herzensanliegen Gottes ist. Dieses konkrete Leben findet auch in der Familie statt. Diese Tatsache wird leider in vielen Ehen als belanglos angesehen und beiseitegelassen. Der Familienvater vertritt aber den Christkönig, weil er durch das

97 Mt 7,7

Ehesakrament das «Amt» hat, sein Vertreter zu sein. Gehorsam und Unterordnung unter den Vater in der Familie bedeutet Verehrung des Christkönigs!

Das Vater-Unser ist das Grundgebet unseres Glaubens. In ihm beten wir täglich «Dein Reich komme!» Damit ist das Reich Gottes gemeint, das zu uns kommen möge. In der Hl. Schrift wird dafür das Wort «regnum», im griechischen Urtext «basilea», das Königreich verwendet. Wir beten also täglich darum, dass Christi Herrschaft in unserem Leben wachse. Die unmittelbare Konsequenz ist, dass wir auch seine Herrschaft in der Ehe und Familie erbitten, indem Vater und Mutter in ihrer Ähnlichkeit zu Christus und der Kirche wachsen, der Vater sein «Amt» wirklich in die Hände nimmt, und dass die Mutter die Haltung der Kirche gegenüber Christus lebt und nachahmt.

Hier wird aber auch offenbar, dass das Königtum Christi in der Familie beginnen soll. Man kann nicht an der Herrschaft Christi über die Gesellschaft arbeiten, und dabei die Familie vergessen. Gott hat seinen Sohn als Herrscher eingesetzt und will, dass der Vater in der Familie diesen Herrscher vertritt. Das ist eine schwere Aufgabe und erfordert, dass der Vater sich an Christus orientiert und sich ihm unterwirft.

In diesem Zusammenhang darf man nicht übersehen, dass der Ehemann selbst wiederum ein Haupt hat, von dem er sich leiten lassen muss: «*Ich möchte aber, dass ihr wisst: dass eines jeden Mannes Haupt Christus ist.*»[98] Es wäre also falsch, nur an den Gehorsam der Frau zu denken und dabei zu unterschlagen, dass der Mann selbst zum Gehorsam gegen Christus verpflichtet ist.

Der Gehorsam der Mutter ist nicht der Gehorsam eines Kindes, sondern der einer Gefährtin und Helferin. Das ist ein bedeutender Unterschied. Die Frau steht an der Seite des Mannes und dementsprechend ist auch ihr Gehorsam ein anderer als der der Kinder. Trotzdem ist es ein echter Gehorsam: «*Seid einander untertan in der*

98 1 Kor 11,3

Furcht Christi: ihr Frauen euren Männern wie dem Herrn.»[99] Damit setzt der hl. Paulus den Gehorsam gegenüber dem Ehemann geradewegs auf die gleiche Stufe mit dem direkten Gehorsam gegenüber Christus.

Hier hilft ein Blick auf das vierte Gebot. Bei allem Unterschied zum Gehorsam von Kindern, geht es auch hier um die Haltung der Ehrfurcht und des Gehorsams. Uns ist selbstverständlich, dass die Kinder auch dann nicht respektlos oder frech werden dürfen, wenn die Eltern etwas schlecht oder launisch entscheiden. Wenn die Kinder nicht einverstanden sind, dürfen sie trotzdem nicht die Ehrfurcht verletzen, die sie den Eltern entgegenbringen sollen. Man kann ja einmal ganz grundsätzlich fragen, warum die Kinder es eigentlich in der Beichte anklagen können, wenn sie frech und ungehorsam waren. Was haben die Eltern mit der Beichte zu tun? Der Grund ist doch, dass sie mit diesem Fehler gegenüber den Eltern gleichzeitig Gottes Gebot übertreten haben. Gäbe es diesen Zusammenhang nicht, gehörte das nicht in die Beichte. Es geht um das «Amt», das die Eltern von Gott erhalten haben. So darf auch eine Ehefrau die Ehrfurcht nicht verletzen, wenn der Ehemann falsch oder schlecht entschieden hat. Sie spricht mit dem Vertreter des Königs der Könige.

Oder vergleichen wir es mit der Gastfreundschaft, die die Ordensregel des hl. Benedikt vorsieht. Diese Regel gehört zu den Fundamenten der christlichen Kultur. Hier ein Ausschnitt aus dem 53. Kapitel mit der Überschrift «Die Aufnahme der Gäste»:

> «*1 Alle Fremden, die kommen, sollen aufgenommen werden wie Christus; Denn er wird sagen: ‹Ich war fremd, und ihr habt mich aufgenommen.› (Mt 25,35)*
>
> *2 Allen erweise man die angemessene Ehre, besonders den Brüdern im Glauben und den Pilgern.*
>
> *3 Sobald ein Gast gemeldet wird, sollen ihm daher der Obere und die Brüder voll dienstbereiter Liebe entgegeneilen.*

99 Eph 5,22

4 *Zuerst sollen sie miteinander beten und dann als Zeichen der Gemeinschaft den Friedenskuss austauschen.*

5 *Diesen Friedenskuss darf man wegen der Täuschungen des Teufels erst nach dem Gebet geben.*

6 *Allen Gästen begegne man bei der Begrüßung und beim Abschied in tiefer Demut:*

7 *man verneige sich, werfe sich ganz zu Boden und verehre so in ihnen Christus, der in Wahrheit aufgenommen wird …*

12 *Der Abt gieße den Gästen Wasser über die Hände.*

13 *Abt und Brüder zusammen sollen allen Gästen die Füße waschen.*

14 *Nach der Fußwaschung beten sie den Psalmvers: ‚Wir haben, o Gott, deine Barmherzigkeit aufgenommen inmitten deines Tempels.' (Ps 48,10)*

15 *Vor allem bei der Aufnahme von Armen und Fremden zeige man Eifer und Sorge, denn besonders in ihnen wird Christus aufgenommen.*»

Bei den Benediktinern wird der Gast wie Christus selbst aufgenommen, mit demselben Respekt und derselben Ehrfurcht, den man dem Erlöser entgegenbringt. Man berücksichtigt («respektiert») die Tatsache, dass Christus selbst im Gast aufgenommen wird. Das gilt in ähnlicher Weise in der Ehe. So ordnet sich eine Frau ihrem Mann unter, weil sie in ihm Christus, den Herrscher sieht. Gerade weil der Ehemann den Christkönig und die Ehefrau die Braut Christi vertreten, geht es um viel mehr, als nur um zwei Menschen. Es geht um das Nachleben und Mit-leben des Bundes von Christus und Kirche. Das betrifft also nicht nur die gegenseitige Liebe, sondern auch den Respekt und die Ehrfurcht, die beide verbinden.

Manch eine Frau fragt: «Wie soll ich meinem Mann Respekt entgegenbringen, wenn ich doch innerlich keinen Respekt mehr vor ihm habe? Er hat mich so enttäuscht und ist so unmöglich, er hat so viele Fehler, da gibt es nichts zu respektieren!»

Es kommt ganz darauf an, worauf man schaut. Wenn man nur auf die Enttäuschung und die Fehler blickt, findet man keinen Grund zum Respekt. Wenn man aber auf die Aufgabe und das Sakrament achtet, sieht es anders aus. Der Ehemann hat die Aufgabe, den Christkönig zu repräsentieren. Man mag den Botschafter von China persönlich nicht mögen, was zählt ist das Land, das er vertritt. Die Eltern mögen Fehler und Launen haben, das hebt aber den Grund nicht auf, warum sie von den Kindern Ehrfurcht und Respekt erwarten dürfen. Oder wenn wir auf die Regel des hl. Benedikt schauen: Der Gast mag unsympathisch und launisch sein, er wird trotzdem wie Christus selbst behandelt. Denn im Gast nimmt man Christus auf. Jesus hat ja auch betont, dass wir im geringsten (nicht heiligsten) seiner Brüder ihn selbst aufnehmen.[100] Gott hat uns gelehrt, dass wir dem schlimmsten Feind Liebe schenken können, auch wenn er uns nicht gefällt. So können wir auch dem Achtung schenken, der es nicht verdient. Denn immer kommt uns in ihm Christus, der König entgegen.

Das Thema Respekt ist für die Ehe fast so wichtig wie die Liebe. Über beides hat E. Eggerichs, ein Protestant, ein sehr wertvolles Buch geschrieben.[101] Seine Ansicht lässt sich in diesen einfachen Worten zusammenfassen: «Wenn Männer respektiert werden, lieben sie ihre Frauen. Wenn Frauen sich geliebt fühlen, respektieren sie ihre Männer.» Er untermauert seine Feststellung mit einem Studienergebnis: Man stellte 400 Männer vor die Frage, was sie wählen würden:

- Allein und ungeliebt in der Welt zu sein
- Sich unzulänglich und von allen verachtet zu fühlen

Bei dieser Alternative entschieden sich 74% der Männer, dass sie lieber ungeliebt und allein in der Welt wären, als dass sie inkompetent, unzureichend und verachtet leben müssten. Es ist nicht ein Zeichen von Egoismus, wenn eine Frau die Liebe ihres Mannes braucht. Das gleiche gilt, wenn ein Mann den Respekt seiner Frau erwartet.

100 Mt 25,40

101 Emerson Eggerichs: Liebe und Respekt

Angepasste Ordnung

Der Gehorsam muss angepasst sein, denn je nach den Verhältnissen und Personen kann die Unterordnung verschieden gestaltet sein. Papst Pius XI sagte in der Enzyklika „Casti Connubii“:

«*Grad und Art der Unterordnung der Gattin unter den Gatten können sodann verschieden sein je nach den verschiedenen persönlichen, örtlichen und zeitlichen Verhältnissen. Wenn der Mann seine Pflicht nicht tut, ist es sogar die Aufgabe der Frau, seinen Platz in der Familienleitung einzunehmen. Aber den Aufbau der Familie und ihr von Gott selbst erlassenes und bekräftigtes Grundgesetz einfachhin umzukehren oder anzutasten, ist nie und nirgends erlaubt.*»[102]

Diese Anpassung ergibt sich schon aus den unterschiedlichen Charakteren und Begabungen. Je nachdem wird der Mann seiner Frau dies oder jenes anvertrauen und delegieren. Auch Christus hat seiner Kirche viele Entscheidungen und Kompetenzen anvertraut. Es ist ja bei dem Ur-Brautpaar ein Zeichen der Liebe und der Wertschätzung, dass Christus seiner Kirche so viel in die Hände gelegt hat. Immer aber geschieht diese Aufteilung der Aufgaben als Hilfe für den Ehemann und nicht gegen ihn oder an ihm vorbei.

> Die Ehefrau eines Paares hatte in ihrer Kindheit und Jugend unter einem alkoholkranken Vater zu leiden. Sie musste ihrer Mutter in vielen Dingen zur Seite stehen und litt darunter, dass der Vater in seinem schrecklichen Zustand immer wieder Chaos und Gewalt in die Familie brachte. Trotz allem schaffte sie das Abitur mit einer Bestnote. Sie hatte eine unglaubliche Stärke bewiesen und ihren Geschwistern und der Mutter viel geholfen. Nachdem sie geheiratet hatte, kämpfte ihr Ehemann immer wieder darum, als Vater die Anerkennung für seine Führungsstellung zu erhalten. Dabei übersah er aber, dass er in manchen Dingen zu viel verlangte. Schließlich waren es ihre Seelenstärke und Selbstständigkeit, die seiner Frau über schwere Jahre hinweggeholfen hatten. Auf der anderen Seite

102 P. Pius XI: Casti Connubii vom 31. Dezember 1930

war seine Frau vielleicht zu sehr daran gewöhnt, alles selbst zu entscheiden. In diesem Fall hilft nur die Anpassung beider Seiten an den «Rucksack», den seine Frau mitbrachte. Er musste ihr mehr Selbstständigkeit geben und sie musste sich hüten, die schlechten Erfahrungen mit ihrem Vater auf ihren Ehemann zu übertragen.

In einer anderen Familie war der Vater ein Machtmensch, der keine Gelegenheit ausließ, seine Familie daran zu erinnern, dass er die Leitung der Familie innehatte. Natürlich geschah das «zum Besten der Familie». Die Mutter litt schrecklich unter der erdrückenden Haltung ihres Mannes. Immer wieder hatte er neue Einfälle, seine Macht spielen zu lassen, sodass die Familie am Ende zerbrach. Als sich die Tochter schließlich selbst auf die Ehe vorbereitete, konnte sie nichts damit anfangen, dass der Mann das Haupt der Frau ist, ja sie weigerte sich, dieses Thema überhaupt in Erwägung zu ziehen. Kann man ihr das verübeln? Der Vater dieser Familie glich in keiner Weise mehr dem, der gesagt hat: «Mein Joch ist sanft, und meine Bürde leicht.»[103]

Zu dieser Anpassung gehört auch, dass der Vater in der Familie zuhören kann. Er ist nicht perfekt wie Christus, sondern muss bereit sein, zuzuhören, sich mit seiner Frau zu beraten und auch sich korrigieren zu lassen. Es macht überhaupt nichts, einmal einen Fehler einzugestehen und sich zu entschuldigen. Wenn der Mann in dieser Hinsicht empfindlich ist, kann es sein, dass er nur seiner Autorität und damit der Familie schadet.

Übrigens gilt diese Über- und Unterordnung nur für die Ehe und Familie als Gemeinschaft, also im Bereich des Ganzen der Familie. Diese Ordnung gilt nicht, wenn es um die Liebesbeziehung geht, in der Mann und Frau auf genau gleicher Stufe stehen.

Gerade im Bereich des Lebens als Haupt und Leib muss man sich hüten, eine Schablone auf die Familie zu legen, egal, ob sie passt oder

103 Mt 11,30

nicht. Das Ergebnis wäre ein Leben als Pharisäer, wo äußerlich alles zu stimmen scheint, innerlich aber zerbricht die Beziehung, weil der innere Mensch verbogen wird. Das ist eine Gefahr, die man besser im Auge behält!

Bei Jesus und der Kirche schadet es der Beziehung nicht, dass Jesus führt und leitet. Man kann dort als Grundsatz festhalten:

Die Führung muss so sein, dass sie die Liebe fördert und vermehrt, nicht vermindert. Und die Liebe muss so sein, dass die Führung und Unterordnung gefördert, nicht verneint werden.

Trotz aller Anpassung muss man aber vermeiden, den Sinn vom Leben als Haupt und Leib zu untergraben. Oder um es noch einmal mit den Worten von Papst Pius XI zu sagen: «*Aber den Aufbau der Familie und ihr von Gott selbst erlassenes und bekräftigtes Grundgesetz einfachhin umzukehren oder anzutasten, ist nie und nirgends erlaubt.*»[104]

Der Nutzen für die Kinder

Die Eltern sind geschaffen als Bild und Gleichnis Gottes. Wenn der kleine Leo sagt: «Mein Papi kann alles!», ist er damit nicht größenwahnsinnig geworden, sondern erzählt von dem allmächtigen Vater, dessen Bild er in seinem irdischen Vater erkannt hat. Auf ähnliche Weise bekommen die Kinder durch den christlichen Vater einen ersten Eindruck und eine Ahnung vom Christkönig. Ist es nicht eine begeisternde Aufgabe für den Vater, in der Seele seines Kindes das Bild des Christkönigs anzulegen und zu prägen? Denn es ist dieser Christkönig, dem das Kind das ganze Leben lang gehorchen und dienen wird. Und es ist dieser König, der die Kinder einmal unsagbar glücklich machen will im ewigen Vaterhaus Gottes. Woher sonst sollten die Kinder eine Idee vom Christkönig bekommen? Von Fußballstars oder aus dem Internet? Alles, was dem Kind wertvoll und kostbar sein soll, muss ihm notwendigerweise von den Eltern vorgelebt werden. Wieviel Prägendes haben Sie, liebe Leser, von ihren eige-

104 P. Pius XI: Casti Connubii vom 31. Dezember 1930

nen Eltern gelernt und erlebt?! Die hl. Theresia vom Kinde Jesu z.B. nannte ihren Vater immer wieder «mon roi bien aimé», mein geliebter König! Das war auch ein Lob für ihren Vater.

Am Vater lernen die Kinder, dass er in Liebe väterliche Verantwortung für sie übernimmt, und dies im Auftrag Gottes. Sie erleben ganz natürlich, dass Autorität nicht etwas Bedrückendes ist, sondern ein Dienst zum Wohl der Familie. Wenn der Vater seine Aufgabe gut erfüllt, spüren die Kinder, was das Reich Christi bedeutet: «*Ein Reich der Wahrheit und des Lebens; ein Reich der Heiligkeit und Gnade; ein Reich der Gerechtigkeit, der Liebe und des Friedens*»[105]

An der Mutter lernen die Kinder, wie wertvoll der Gehorsam ist. Erfahrungsgemäß ist es gerade das Beispiel der Eltern, das das ganze spätere Leben beeinflusst. Der hl. Paulus gibt ein Beispiel für diesen Einfluss, wenn er vom Glauben des hl. Timotheus spricht: «*Indem ich mich erinnere des ungeheuchelten Glaubens in dir, der zuerst wohnte in deiner Großmutter Lois und deiner Mutter Eunike.*»[106] Gleiches ließe sich auch vom Gehorsam sagen, den Kinder am Beispiel ihrer Mutter gelernt haben. Manche Eltern wundern sich, warum ihre Kinder nur mühsam das Gehorchen lernen und übersehen leider, dass sie das notwendige Beispiel der Mutter ganz vergessen haben. Wenn die Kinder aber täglich erleben, wie die Mutter den Vater kritisiert, wenn sie neben dem Vater her lebt, wenn sie ihn übergeht, soll man sich dann wundern, dass die Kinder tun, was sie wollen?

Vernachlässigen wir nicht, dass der Gehorsam eine zentrale Bedeutung im christlichen Leben hat. Jesus hat uns gerade durch seinen Gehorsam erlöst: «*…indem er gehorsam ward bis zum Tode, ja, zum Tode am Kreuze. Darum hat Gott ihn auch hoch erhoben und ihm einen Namen gegeben, der über jeden Namen ist, auf dass in dem Namen Jesu jedes Knie sich beuge, der Himmlischen und Irdischen und Unterirdischen.*»[107]

---

105 Präfation aus dem Messbuch zum Christkönigsfest.

106 2 Tim 1,5

107 Phil 2,8-10

Der Vorteil für die Ehegatten selbst

Zunächst einmal ist es eine ganz große Freude für ein Ehepaar, dass es die Beziehung von Christus selbst und seiner Braut mit-leben darf! Das inspiriert ihr gemeinsames Leben jeden Tag, denn sie finden hier immer wieder den Mut und die Kraft, neu anzufangen. Auf diese Weise wird die Ehe für Mann und Frau zu einer Schule der Demut und des Dienens. Indem der Mann sich an Christus orientiert und die Frau am Mann, verehren beide Christus als König. Überlegen wir einmal, was es bedeutet, täglich unter der Herrschaft des Herrn der Herrscher leben zu dürfen! Die Ehe wird zu einer Nagelprobe für die tatsächliche Unterordnung unter Christus als Haupt von allem. So wie die konkrete Nächstenliebe ein Prüfstein der Gottesliebe ist, bestimmt die Unterordnung der Eheleute unter Christus bzw. unter den Ehemann ihre wirkliche Unterordnung unter Christus. Wenn man aber Christus nicht dient, welchen Wert hat dann alles Beten und Opfern?

Der Wert für die Umgebung

Mann und Frau leben also im Geist des Dienens und der Verehrung des Christkönigs. Dieses Beispiel soll auch der Umgebung, das heißt der Gemeinde, den Nachbarn, den Verwandten und Bekannten, eine schöne Botschaft vom Christkönig sein. «*Ihr seid das Licht der Welt.*»[108] Diese Botschaft wird nicht durch Worte überbracht, sondern durch das Leben. Wir leben leider in einer Zeit, in der Autorität und Gehorsam, Demut und Dienen Fremdwörter geworden sind. Wenn man davon spricht, ruft man oft nur die verzerrten Vorstellungen wach, die in der Gesellschaft mit diesen Begriffen verbunden werden. Wie sprechend und eindeutig ist da die einfach gelebte Verehrung des Christkönigs! Durch ihr Leben erinnern die Eheleute an die Worte

108 Mt 5,14

Christi, mit denen er seine Herrschaft beschreibt: «*Mein Joch ist sanft und meine Bürde ist leicht.*»[109]

Das Leben als Haupt und Leib in der Ehe und Familie ist von grundlegender Bedeutung. Es geht um die Herrschaft des Christkönigs. Dazu dürfen Mann und Frau das Leben des göttlichen Brautpaares mit-leben. Das ist mehr als nur Nachahmung. Sowie Gott die Liebe des ewigen Brautpaares in die Herzen der Eheleute gießt, lässt er sie auch lebendig teilnehmen an deren Verhältnis als Haupt und Leib. Man kann immer wieder nur darüber staunen, wie großzügig Gott in der Mitteilung seines Lebens ist. Es ist eine Ehre für die Eheleute, dass sie auch diesen Aspekt von Christus und der Kirche verwirklichen dürfen.

Häufige Fehler

Wenn man in die Familien blickt, muss man feststellen, dass dieses Thema oft kaum eine Rolle spielt. Man weiß zwar theoretisch, dass der Mann das Haupt der Frau ist, aber das spielt im alltäglichen Leben kaum eine Rolle. Auch in religiös engagierten Familien ist die Familienleitung oft unklar und nebelhaft. Was passiert nun in einer Familie, deren Eltern sowieso schon entmutigt und resigniert sind, was die eheliche Beziehung angeht? Oder wie sieht das Leben einer Familie aus, in der ein Geist der Unabhängigkeit regiert, in der nur noch von Fall zu Fall diskutiert wird, wessen Wille sich durchsetzen kann? Wenn ein Ehepaar müde oder enttäuscht über das gemeinsame Leben ist, wird auch das Leben als Haupt und Leib in Mitleidenschaft gezogen.

Anstatt jetzt tausend verschiedene Beispiele und Fälle anzuführen, versuchen wir, einige der typischen Versuchungen aufzuzählen, die diesen Bereich betreffen.

---

109 Mt 11,30

Fehler und Versuchungen für den Mann

Da trifft man auf kindische oder tyrannische Haltungen.

Ein Paar war verlobt und nach der Messe am Sonntag sagte sie zu ihm: «Ich bleibe noch einen Moment in der Kirche.» Als Antwort flüsterte er: «Wenn wir dann verheiratet sind, muss du mich dafür fragen.» Eine solche Antwort ist sicher Grund genug, noch einmal über die Verlobung nachzudenken… Denn diese Auffassung von Autorität ist entweder kindisch oder machtbesessen und zeigt einen sehr unreifen Geist.

Weniger auffällig als dieses Beispiel sind die Fälle, wo der Mann sich in seiner Autorität sonnt. Das Amt, Vertreter des Christkönigs zu sein, kann dazu missbraucht werden, um dem eigenen Stolz zu schmeicheln und die Macht spielen zu lassen. Es ist eben verlockend, derjenige zu sein, der zu sagen hat. Dann benützt man die Verantwortung, um sich über andere zu erheben.

Viele Versuchungen sind offensichtlich und leicht erkennbar. Die Versuchung zur Macht ist leider manchmal ziemlich verborgen und schwer zu erkennen. Wenn dann noch das «zum Besten der Familie» darüber geworfen wird, ist die Verkleidung perfekt. Ein sicheres Mittel, um diese Versuchung zu erkennen, liegt in der Wirkung auf den Rest der Familie. Wenn Kinder und Mutter die Autorität des Vaters als drückend bezeichnen, kann man sicher sein, dass ein Machtmissbrauch vorliegt. Es kann dann sein, dass er einfach «zu viel Gas gibt».

Ein anderer Fall liegt vor, wenn der Mann in der Leitung der Familie eigensinnig oder jähzornig ist. Er erträgt dann keinen Widerspruch, eine andere Meinung der Frau wird nicht geduldet. Ist das die Art und Weise des Christkönigs? Sicherlich nicht.

In einer Familie war der Vater sehr herrisch und jähzornig. Er kommandierte ständig herum, und wehe, wenn etwas seinen Vorstellungen nicht entsprach. Die Mutter litt fürchterlich unter dem Vater. Das ging so weit, dass sich eine Tochter in der entscheidenden Zeit nicht mit ihrer Mutter identifizieren konnte, und daher eine lesbische Neigung entwickelte. Auch wenn sie dieser Neigung nicht nachgab, trägt der Vater die Verantwortung für jahrelange schwere Kämpfe seiner Tochter.

Eine andere Form von Versuchungen findet sich dort, wo der Mann seine Verantwortung als Familienvater einfach ruhen lässt. Auch das tritt gerade in Ehepaaren auf, die von ihrer ehelichen Beziehung enttäuscht sind. Oft ist es ein Ergebnis eines jahrelangen Niedergangs. Es kann aber auch sein, dass dieses sich-zurückziehen eine Folge der Herrschsucht der Frau ist. Man könnte hier die berühmte Frage von Henne und Ei anführen, was aber nicht zum Ziel führt. Tatsache ist, dass der Vater seine Verantwortung für die Familie aufgegeben hat, und zwar mit den entsprechenden Folgen. Ob das aus Bequemlichkeit oder Menschenfurcht geschieht, ist zweitrangig. Wichtig ist, dass er seiner Verantwortung vor Gott nicht mehr gerecht wird.

Gerade diese Müdigkeit und Resignation des Vaters kann gravierende Folgen haben.

Fehler und Versuchungen für die Frau

Manche Frauen haben Angst, sich der Leitung eines Mannes anzuvertrauen, der nicht perfekt ist. Sie kennen die Grenzen und Unvollkommenheiten ihres Mannes genau und wollen daher lieber selbst das Heft in der Hand behalten. Dabei vergessen sie, dass Gott seine Aufgaben gerne denen in die Hände legt, die vor der Welt nichts gelten,[110] die also Grenzen und Schwächen haben. Oder aber der Stolz der Frau lässt es einfach nicht zu, dass sie sich ihrem Mann unterordnet. Die Folge ist ein ständiges und endloses Kritisieren und Diskutieren, ein fehlender Respekt vor dem Mann, ja eine Verachtung des Mannes.

Eine Ehefrau war damit beschäftigt, ständig ihren Mann zu disqualifizieren. Egal was er tat, es war nie gut genug. Ihrem sechsjährigen Sohn sagte sie: «Du bist schon genau wie dein

110 1 Kor 1,27f

Vater!» Wenn der Vater die Kinder zum Musikunterricht oder zum Arzt bringen wollte, übernahm sie die Aufgabe mit den Worten: «Du kannst das nicht.» Letzten Endes disqualifizierte sie ständig ihren Mann, um selbst die Leitung der Familie in der Hand zu behalten.

Wenn die Frau die Leitung des Mannes abgeworfen hat, stellt sich oft eine fatale Entwicklung ein. So wie es beim Mann die Versuchung gibt, gefühllos und rücksichtslos zu werden, leidet die Frau unter der Versuchung, ihre Empfindungen und Ahnungen absolut zu setzen.

Eine Familie mit 5 Kindern bekommt Besuch. Da erklärt die Mutter dem Besucher: «Ich koche immer ganz gesund für meine Familie. Ab und zu lege ich nur einen rohen Kohlrabi in die Mitte des Tisches, jeder bekommt ein Kartoffelmesser und darf sich herzhaft etwas vom Kohlrabi abschneiden!» Währenddessen saß der Vater mit gebeugtem Haupt da und sagte nichts. Der Besucher war gewarnt...Bio-Terror!

Frauen haben oft geniale Intuitionen, die einen Mann nur staunen lassen. Da sind Frauen ihren Männern manchmal überlegen. Das Problem liegt dann nicht darin, ob die Frau Recht hat oder nicht, es liegt in der Maßlosigkeit und Grenzenlosigkeit, die sich einstellen können. Hier braucht es die Führung des Ehemannes. Wenn dieser aber entmutigt aufgegeben hat[111], besteht große Gefahr für die Familie.

Die Konsequenzen für die Familie

Was bedeutet nun das Aufgeben des Lebens als Haupt und Leib? Was ist die Konsequenz, wenn die Eltern auch in diesem Punkt nachgelassen und resigniert haben?

Für viele Ehepaare hat sich die Unklarheit in Bezug auf die Leitung der Familie einfach so ergeben. Es ist oft einfach eine praktische Frage. Besonders wenn durch Erlahmen und Aufgeben der

111 Auch hier entsteht die berühmte Frage von Henne und Ei. Hat er versagt, und sie dann übernommen, oder hat sie übernommen und er hat nachgegeben. Die Antwort ist in jedem Einzelfall anders.

echten persönlichen Beziehung ein Stillstand eingetreten ist, leidet auch das Leben als Haupt und Leib. Man kommt dazu, dass man diesen Zustand als normal und unvermeidlich ansieht, denn man weiß nicht, was man besser machen könnte. Wenn die Liebe reduziert ist, stagniert oder gar erstorben, findet man es selbstverständlich, dass auch die Ordnung von Haupt und Leib kein Thema mehr ist. Damit hat man ganz vergessen, dass es hier um eine zutiefst religiöse Frage geht. Oft ohne schlechten Willen, hat man das Thema Christus-Kirche völlig aus den Augen verloren.

Das Brautpaar Christus-Kirche lädt die Ehepaare aus Gnade ein, an ihrem Leben als Haupt und Leib teilzunehmen. Bewusste und überlegte Unordnung in der Leitung der Familie wäre eine klare Absage an diese Einladung und ein ständiges «Nein!» zur Gnade… Die Herrschaft des Christkönigs vernachlässigen heißt, dass die Familie die Unabhängigkeit und das bequeme Leben der Welt vorzieht. Es ist weltlich, wenn man lieber ohne die Herrschaft Christi leben will.

Eine solche Familie lehnt das Wort Christi ab «*Wo zwei oder drei in meinem Namen versammelt sind, bin ich mitten unter ihnen.*»[112] Denn man kann nicht Christus einladen und zugleich als Herrn ablehnen. Auch wird das Gebet «Zu uns komme Dein Reich!» unehrlich.

Was das Leben der Familie angeht, wohnt dann ständig eine gewisse Unordnung im Haus, eine gewisse Zerrissenheit, die den Frieden Gottes stört. Diese Unordnung führt zu häufigem Streit. «*Offenbar aber sind die Werke des Fleisches, welche sind: … Feindschaft, Hader, Eifersucht, Zorn, Zank, Zwietracht.*»[113]

Die Unordnung in der Leitung führt noch zu einem weiteren Nachteil: Es herrscht nicht mehr gegenseitiges Dienen, sondern Egoismus. Jeder stellt seine eigenen Ansprüche in die Mitte.

Dabei wird den Kindern ein Ärgernis gegeben. Sie sollen an den Eltern die Herrschaft Christi und die Hingabe der Kirche kennen

112 Mt 18,20

113 Gal 5,19

lernen. Stattdessen bekommen sie absurde Botschaften vermittelt: etwa, dass Christus sein Königtum vernachlässige, dass die Kirche sich Christus nicht unterordne, dass die Kirche sich über Christus erhebe, dass Christus und die Kirche ständig im Streit lägen, usw. Das Vor-Bild der Eltern soll vom Original erzählen, denn jedes Bild ist für das abgebildete Original da. Was aber, wenn die Eltern eine Karikatur von Christus und der Kirche sind? Und was ist, wenn diese Karikatur nicht ein Ausrutscher, sondern Gewohnheit ist?

In solchen ungeordneten Familien, die von häufigem Streit geplagt sind, fällt den Kindern der Gehorsam schwer. Sie müssten ständig gegen das schlechte Vorbild der Mutter «an-leben». Oder wie sollen sie einem Vater gehorchen, dem sein gottgegebenes Amt egal ist? Dabei hat uns Christus gerade durch seinen liebevollen Gehorsam erlöst!

Wenn die Mutter den Vater immer wieder herabsetzt, oder der Vater die Mutter, woher sollen die Kinder christliche Ehrfurcht und Respekt lernen? Ja, dieser Zustand gefährdet die Erziehung generell, denn er zerstört die moralische Autorität, die den Kindern Halt für das ganze Leben geben soll. Vergessen wir nicht, dass diese Kinder selbst einmal Familien gründen sollen. Wie werden sie dazu von den Eltern ausgerüstet? Eltern vergessen leider zu oft, dass ihre Handlungen Folgen über Generationen hinweg haben werden.

Liebe Eheleute, diese traurige Aufzählung der Folgen muss uns zeigen, dass es unmöglich ist, das Leben als Haupt und Leib am Boden liegen zu lassen. Wir dürfen doch nicht gegen den ewigen Ratschluss Gottes leben, der seinen Sohn zum Haupt über das All eingesetzt hat!

Gemeinsame Liebe zu den Kindern

Wie Christus und die Kirche die Kinder Gottes lieben

Natürlich besteht die Kirche aus ihren Mitgliedern, den Kindern Gottes. Anderseits kann man sagen, dass die Kirche für die Christen eine Mutter ist, die für ihre Kinder sorgt.[114] Denn in der Kirche wurden wir getauft, bei ihr finden wir die Sakramente Christi, von ihr haben wir den Glauben bekommen, ohne den wir Gott nicht gefallen können. Sie ist es ja auch, die von Jesus Christus den Auftrag erhalten hat, zu predigen, zu taufen und die Kinder Gottes zu leiten.[115] Man spricht hierbei vom Unterschied zwischen der lehrenden und der hörenden Kirche.

Wo können wir dieser Kirche begegnen? Richten wir unseren Blick wieder auf die hl. Messe, wo wir Zeugen der unendlichen Liebe werden, die Christus und die Kirche zu den Kindern Gottes haben. Christus erneuert auf dem Altar sein Opfer von Golgotha und gibt sein unendlich kostbares Leben hin, um die Kinder Gottes mit dem Vater zu versöhnen. Er will, dass diese Kinder von aller Sünde gereinigt werden und so ungehindert Zugang zum Vater haben, den sie mit den Worten anreden «Abba, Vater!» Kein Stäubchen soll zwischen den Vater und seine Kinder kommen! Jesus vergießt sein Blut, um völligen Frieden zwischen dem Vater und seinen Kindern zu stiften. Darin übersteigt er Hiob aus dem Alten Testament, von dem es heißt:

114 aber das Jerusalem droben ist frei, welches unsere Mutter ist. Gal 4,26

115 Mt 28,19

«Und seine Söhne gingen hin und machten in dem Hause eines jeden ein Gastmahl an seinem Tage; und sie sandten hin und luden ihre drei Schwestern ein, um mit ihnen zu essen und zu trinken. Und es geschah, wenn die Tage des Gastmahls herum waren, so sandte Hiob hin und heiligte sie; und er stand des Morgens früh auf und opferte Brandopfer nach ihrer aller Zahl; denn Hiob sprach: Vielleicht haben meine Kinder gesündigt und sich in ihrem Herzen von Gott losgesagt. Also tat Hiob allezeit.»[116]

So sehen wir Jesus am Werk, wie er für die Kinder Gottes sein Leben hingibt, um ihnen Frieden zu schenken. In der Kommunion dann schenkt er sich in höchster Güte und Geduld als Nahrung für diese Kinder Gottes. Da sie ganz versöhnt sind, schenkt Jesus ihnen durch die Kirche alles, was er ist und besitzt. Es ist «Communio», Gemeinschaft mit dem Sohn Gottes, Anteilnahme an seinem Leben und größtes Geschenk!

Die Kirche als Mutter teilt diese Haltung Jesu. Wenn er sich den Kindern Gottes schenkt, schenkt sie sich mit. Man könnte ihr die Worte des hl. Paulus in den Mund legen:

«Ich will aber sehr gern alles ausgeben und völlig ausgegeben werden für eure Seelen, wenn ich auch, je überschwänglicher ich euch liebe, umso weniger geliebt werde.»[117]

«Wir hätten als Apostel Christi zwar gewichtig auftreten können, doch traten wir in eurer Mitte milde auf wie eine Mutter, die ihre Kinder hegt. Ja, so sehr fühlten wir uns zu euch hingezogen und waren gern bereit, nicht bloß das Evangelium Gottes euch zu bringen, sondern auch unser Leben für euch zu opfern; so sehr wart ihr uns lieb geworden.»[118]

Was will Gott damit den Kindern schenken?

Diese innige Liebe von Christus und der Kirche ist nun im Ehesakrament in die Herzen der Eltern gegossen. Sie dürfen und sollen

116 Job 1,4f

117 2 Kor 12,15

118 1 Thess 2,7

ihre getauften Kinder mit derselben Liebe lieben, die Christus und die Kirche zu ihnen haben. Weil Gott seine Kinder mit so einer «zu großen Liebe»[119] liebt, will er, dass sie von den ersten Lebenstagen bis zum Erwachsenwerden von dieser einen göttlichen Liebe getragen und umarmt aufwachsen. Hier kommt alles wie in einem Puzzle zusammen, was wir bisher über das Sakrament gesehen haben: Es geht um die Kinder Gottes, sie sollen das Wichtigste ihres Lebens vom ersten Tag an genießen: Die Liebe Gottes! Führt uns doch unser ganzes irdische Leben in das ewige Leben, wo eine unendliche, grenzenlose Liebe uns erwartet. Die Kinder sind die Lieblinge Jesu und sollen von Anfang an erleben, dass Christus und die Kirche sie mit einer herzlichen Liebe und Güte lieben. Christus hat sein Leben aus Liebe hingegeben, um die Kinder Gottes zu retten und ihnen eine ewige Heimat im Himmel zu schenken. Die Kirche atmet die gleiche Liebe zu den Kindern Gottes. Sie tut alles, um diese Kinder die Liebe Gottes spüren zu lassen.

Die Eltern erziehen, sorgen vor und beschenken ihre Kinder. Ob sie das Brot auf den Tisch stellen, die richtige Schule aussuchen, die Kleidung besorgen, ob sie die Kinder trösten, ermahnen, erinnern, erfreuen oder ob sie ihnen die Fehler verzeihen und wieder Mut machen, all das ist zugleich ein Tun von Christus und der Kirche. Ihre Barmherzigkeit und Liebe ist eine Botschaft und ein Gruß vom Herzen Jesu und von der Kirche.

Wir können hier wieder vier Bereiche feststellen:

1. **Liebe: Dazu sind Vater und Mutter in der Liebe Christi und der Kirche verbunden, damit ihre Kinder erfahren, dass es da zwei übernatürliche Eltern gibt, die einander sehr lieben. Die Einheit und Treue der Eltern spricht den Kindern von der Einheit und Treue Christi und der Kirche.**

---

119 Eph 2,4

2. **Ordnung als Haupt und Leib: Die Eltern leben auch als Haupt und Leib, damit die Kinder die Botschaft vom Christkönig und seinem Reich erfahren. Die dienende Verantwortung und Leitung des Vaters sprechen von der Väterlichkeit Christi. Die Unterordnung und der Gehorsam der Mutter sprechen von der Kirche als der Gefährtin Christi.**
3. **Kinder: Und zuletzt und doch zuerst sollen die Kinder erleben, wie sehr sie von Christus und der Kirche geliebt werden.**
4. **Gebet: Dazu kommt das Gebet. Die Kinder lernen in der Familie, dass das Gebet etwas ganz Wertvolles ist und dass Christus und die Kirche sich für sie aufopfern und für sie eintreten.**

Das sind die vier Kernbotschaften, die im Ehesakrament den Eltern anvertraut sind. Die Eltern sollen diese Botschaften im täglichen Leben weitergeben, in allem, was in der Familie geschieht und getan wird.

Eltern wissen sehr wohl, wie sehr das Verhalten der Kinder von ihrem eigenen Verhalten abhängt und geprägt wird. Kinder werden nicht so sehr über Worte erzogen, als über werthafte Beispiele. Wie viele Erlebnisse aus der eigenen Kindheit kennt der Leser, die genau deshalb in Erinnerung geblieben sind, weil sie als wertvoll erlebt wurden.

> Eine Familie mit vier Jungen verbrachte die Samstage oft mit Segeln auf dem nahe gelegenen See. Als die Kinder erwachsen wurden, machten sie selber den Segelschein und setzten das Hobby der Familie fort. Sie hatten eben in ihrer Kindheit und Jugend die schönsten Stunden auf dem See verbracht!
>
> Der Vater einer Familie war sehr großzügig gegen Leute in finanziellen Schwierigkeiten. Einer Verwandten, die gegen ihren Willen geschieden war, schickte er jeden Monat 500 Euro,

um ihr zu helfen, und das, obwohl er selbst fünf Kinder hatte. Die Kinder dieser Familie sind heute ihrerseits sehr hilfsbereit, wenn jemand in Not ist.

Eine Mutter, die zu Kriegszeiten aufgewachsen war, war ständig voller Angst, ob ihre Unternehmungen wirklich Erfolg haben würden. Sie lebte nach dem Motto: «Wenn etwas überhaupt gutgeht, dann nur ganz knapp!» Kein Wunder, dass die Kinder große Mühe hatten, sich auf Gottes Vorsehung zu stützen. Vertrauen und Gelassenheit waren für die Kinder ein Fremdwort, weil sie nie das Vertrauen als Lebenshaltung kennen gelernt hatten.

Diese wenigen Beispiele zeigen den «Mechanismus», wie Werte und Tugenden in den Herzen der Kinder Wurzeln schlagen. Man kann die Werte einer Familie mit den Farben eines Gemäldes vergleichen. Das Leben der Kinder ist oft wie eingefärbt von bestimmten Farben und Mustern, die auf ihre Eltern zurückgehen. Wenn man nun an die religiöse Erziehung denkt, ergeben sich tausend Möglichkeiten, den Kindern Gutes zu tun. Alles, was in der Familie über Monate und Jahre hinweg hochgehalten wurde, nehmen die Kinder als einen großen Schatz in ihr Leben mit. Die ersten Begriffe von Wahrheit, Liebe, Gerechtigkeit, Barmherzigkeit, Milde, Demut, Verzeihung, Dankbarkeit oder Treue werden aus dem Leben der Eltern gebildet. Dieses Leben ist sozusagen das Gewächshaus der Werte in den Herzen der Kinder. Was in diesem Gewächshaus nicht blüht, spielt auch im Leben der Kinder kaum eine Rolle.

Was bedeutet diese Tatsache nun für das Ehesakrament? Eine gut gelebte Ehe wird in den Herzen der Kinder genau die Botschaft verankern, die Gott ihnen durch die Ehe der Eltern schenken will: die Botschaft von Gott, Christus und der Kirche; die Botschaft von tiefer Liebe und aufrichtigem Gehorsam, von Gottes Vaterschaft und vom Christkönig, von der Erlösung und der Barmherzigkeit, vom Wert des Kreuzes und des Gebetes. Gott zählt bei dieser Botschaft auf die Verantwortung der Eltern, er nimmt sie hinein in sein Werk! Die kleinen und großen Ereignisse im Familienleben werden zu Meilensteinen für die Ewigkeit!

Der erste Katechismus beginnt für die Kinder nicht mit fünf oder sechs Jahren im Religionsunterricht, er beginnt sogar schon vor der Geburt im Elternhaus.

Übertragen auf die Ehe bedeutet das: Das erste, was Eltern ihren Kindern schenken können, ist eine gut geführte Ehe mit allem, was nach Gottes Willen dazu gehört. Umgekehrt muss man sagen, dass eine schlecht geführte Ehe das religiöse Leben der Kinder untergräbt. Wenn also die Ehe der Eltern stagniert, wenn die Liebe reduziert wird und Gehorsam und Verantwortung am Boden liegen, wenn die Eltern nebeneinander her leben, dann ist das eine Katastrophe in Bezug auf das ewige Heil der Kinder.

Sorge für die Kinder:

Der Wert für die Eltern selbst

In einem Buch über Paare berichtet die Psychologin Verena Kast über den Traum eines 28-jährigen Mannes:

> «Ich verließ unsere bergige Landschaft und wanderte hinaus, einen Fluss entlang. Ich fühlte mich allein und auch frei, aber das Gefühl der Heimatlosigkeit überwog das Gefühl der Freiheit. Ich schaute mich immer wieder um, ob ich denn nicht wenigstens einen vertrauten Menschen sehen konnte. Ich kannte niemanden. Es waren aber Männer da, die ich fürchtete, weil sie so brutal wirkten, und es waren überhaupt Menschen da, die alle in sich gekehrt wirkten, von mir keine Notiz nahmen. Langsam wurde mir klar, dass ich nicht bedroht war, außer davon, dass mich niemand zur Kenntnis nahm…
>
> Dort, wo sonst eine Brücke über den Fluss führte, war - wie wohl in alten Zeiten - eine Fährfrau. Bei ihr war ein junger Mann. Die beiden schienen sich sehr zu lieben, ohne dass das

durch Gesten zum Ausdruck gebracht wurde. Es war einfach sichtbar. Er war jung - irgendwie auch alt - und wirkte wie ein junger Mann, dem immer wieder etwas einfällt. Sie war wunderschön, fremdländisch, sehr behutsam und ganz konzentriert auf ihre Arbeit. Die beiden waren überhaupt sehr konzentriert auf ihre Arbeit.

Mich packte eine ungeheure Sehnsucht, zu ihnen zu gehören, von ihnen akzeptiert zu sein. Solange ich auf dem Schiff blieb, war ich in ihrer Atmosphäre, fühlte diese Geschlossenheit und dieses Zusammengehören der beiden, und dieses gemeinsame Sich-einer-Sache-Hingeben.

Langsam erwachte ich, aber ich versuchte, das Erwachen noch hinauszuzögern. Eine tiefe Trauer erfüllte mich: Die beiden würden auch getrennt werden, sie würden auch keine Einheit bleiben können. Und dann gelang es mir wieder, die Atmosphäre dieses Einsseins zurückzuholen ... Die beiden wirkten nicht wie Menschen, sie wirkten wie menschgewordene Götter.»

Es ist frappierend, wie nahe dieser Traum einer bildhaften Beschreibung der Aufgabe der Eltern kommt. Die zerstörte Brücke steht für den ehemaligen Zugang zum Paradies. Er ist heute verschlossen, da er durch die Sünde der ersten Eltern zerstört wurde. Jetzt sind die Fährfrau Kirche und Jesus Christus damit beschäftigt, die Menschen als Kinder Gottes in das Land der Ewigkeit zu bringen. Beide sind auf dieser Fähre der Kirche voller Hingabe und Geschlossenheit ihrer Aufgabe ergeben. Den Träumer ergreift eine ungeheure Sehnsucht, zu diesen Fährleuten zu gehören und immer in ihrer Nähe zu bleiben. Er ist fasziniert und überwältigt von ihrer Geschlossenheit, ihrer Liebe und Hingabe.

Tatsächlich tauchen die christlichen Eheleute im Sakrament in das Leben der Fährleute Christus-Kirche ein. Tatsächlich sind sie eingeladen, für immer auf diesem Schiff zu bleiben. Ja, tatsächlich nehmen sie an der Aufgabe und der Arbeit der Fährleute teil und sind von ihnen liebevoll akzeptiert. Die Eltern bekommen auf dieser Fähre eine Aufgabe zugewiesen, die ihre ganze Persönlichkeit fordert und nur von ihnen allein gut gemacht werden kann. Ihre Elternschaft ist unersetzbar. Die christlichen Ehen dürfen diesen Traum leben und müssen nicht wie der 28-jährige Mann fürchten, dass dieses Paar wieder getrennt werden wird. Dieses herrliche Paar, dessen Leben sie mitleben dürfen, hat die Verheißung Gottes, dass ihre herrliche Liebe ewig bestehen bleibt und ihr Tun gesegnet ist.

Die Hauptaufgabe des Vaters ist es also, seinen Kindern in seiner Vaterschaft die herrliche Liebe des Herzens Jesu nahezubringen und zu schenken. In seiner Vaterliebe leuchtet die Liebe des Herzens Jesu. In seiner Verzeihung und Milde und Fürsorge, in seiner Freude an den Kindern lebt das Herz Jesu mit den Kindern. Was für eine wunderschöne Aufgabe!

Im Herzen der Mutter lebt die Liebe der Kirche. Sie darf also den Kindern die Zuneigung aller Menschen im Stand der Gnade, die Freundlichkeit aller Heiligen und aller Geretteten zusammen, gekrönt von der Liebe der Muttergottes schenken! Wie unendlich reich wird das Herz einer Mutter durch das Sakrament der Ehe! Die Liebe einer Mutter ist schon etwas unsagbar Schönes. Wie schön wird sie aber, wenn ihr Herz noch inspiriert und belebt wird durch die Liebe der ganzen Kirche! Ihr größter Wunsch ist es ja, den Kindern das Beste zu schenken. Wie wunderbar erfüllt das Sakrament ihre Wünsche!

Der Wert für die Umgebung

«*Ihr seid das Salz der Erde!*» – «*Ihr seid das Licht der Welt!*»[120] Das gilt auch für die Sorge der Eltern für ihre Kinder. Sie geben damit der Umgebung ein leuchtendes Beispiel von der Liebe, mit der Christus und die Kirche für ihre Kinder da sind. Die Eltern müssen davon ergriffen sein, dass ihnen die unendlich geliebten Kinder Gottes anvertraut sind. Dann wird ihr Leben für die Umgebung wirklich ein Licht, das von Gottes Liebe und Sorge für uns alle spricht.

120 Mt 5,13f

Bedeutung für Berufungen

Wenn die Eltern ihre Ehe gut leben, wird das Leben der Familie von einer dreifachen Liebe geprägt: Liebe zu Christus, zur Kirche und zu den Kindern Gottes. Denn der Vater liebt seine Ehefrau wie Christus seine Kirche liebt, die Mutter liebt den Vater wie die Kirche Christus liebt, und beide, Vater und Mutter lieben ihre Kinder, wie die Kinder Gottes geliebt werden sollen. Diese Prägung der Atmosphäre in der Familie berührt auch die Herzen der Kinder, die in diesem Geist aufwachsen. Nichts hat einen so starken Einfluss auf die Kinder wie die Liebe, die sie zu Hause erleben. Diese Liebe in der Familie ist ein Schatz, der den Kindern für das ganze Leben in unauslöschlicher Erinnerung bleibt.

Von hier aus wird klar, dass die gut gelebte Ehe Berufungen vorbereitet. Was braucht ein junger Mensch unbedingt, wenn er einer Berufung durch Gott folgen soll? Liebe zu Christus, zur Kirche und zu den Seelen der Kinder Gottes! Ohne diese dreifache Liebe ist es nicht möglich, das große Opfer zu bringen, auf eine eigene Familie zu verzichten und sich ganz dem Dienst Gottes und der Menschen zu schenken. Jeder Berufene braucht genau diese dreifache Liebe, wenn er auf den Ruf Gottes hören soll. Der Ruf besteht ja genau darin, sein Herz und sein Leben ganz an Christus und seine Kirche und die Kinder Gottes zu verschenken. Damit verstehen wir, dass Gott es den Eltern an erster Stelle anvertraut hat, die Berufungen vorzubereiten. Der Ruf selbst kommt von Gott, aber der Boden für das Hören dieses Rufes wird von den Eltern bereitet. Auch hier stellt man wieder staunend fest, wie viel Gott einem Ehepaar anvertraut!

Fehler in der Kindererziehung

Diese Fehler betreffen die drei oben betonten Bereiche:

- Liebe der Ehegatten
- Ordnung als Haupt und Leib
- Sorge für die Kinder

Fehler bezüglich der Liebe der Ehegatten

Das erste, was die Eltern den Kindern schenken sollen, ist die Liebe Christi und der Kirche durch ein gut gelebtes Sakrament. Was nicht eins ist, zerfällt: «*Jedes Reich, das wider sich selbst entzweit ist, wird verwüstet; und jede Stadt oder jedes Haus, das wider sich selbst entzweit ist, wird nicht bestehen.*»[121] Die Einheit der Eltern ist der Boden für das Wohlergehen der Kinder. Wenn die Eltern immer wieder vor den Kindern streiten, greifen sie die Liebe Gottes für die Kinder Gottes an! Oder geben sie den Kindern dann ein Bild von der Liebe und dem Respekt, die Christus und die Kirche einander schenken?

Wenn jede Enttäuschung und jeder Fehler sorgfältig in den Akten der Erinnerung lebendig gehalten wird, nie eine neue Chance gegeben wird, ist das die Botschaft vom Werk der Barmherzigkeit, das immerhin das Lebenswerk des göttlichen Brautpaares ist? Wenn jeder egoistisch auf seinem Recht und seiner Meinung besteht, verkündet das die Liebe zur Einheit, die Christus und die Kirche verbindet?

Wenn die Eltern um Macht und Einfluss kämpfen, ja mit Gewalt aufeinander losgehen, spiegelt das die Demut von Christus und der Kirche wieder? Welche Botschaft bekommen die Kinder hier? Ehen, in denen die Liebe vernachlässigt, reduziert, distanziert und lau gelebt wird, sind wie ein vertrockneter Zweig ohne Frucht. «*Mein Vater ist der Weingärtner. Jede Rebe an mir, die nicht Frucht bringt, die nimmt er weg.*»[122] Kann es sein, dass dies der Grund für so viele erstarrte Ehen ist?

121 Mt 12,25

122 Joh 15,12

Man findet in christlichen Familien so viel weltliches Agieren: Ungeduld, Nachtragen, Neid, Streit, Zorn. Wenn Vater und Mutter das Kostbarste, was sie haben, nämlich ihre Ehe und Familie, unter die Herrschaft des Alten Menschen stellen, sind sie eine Botschaft von der Gnade, von der Auferstehung und vom Neuen Menschen? Nein! All das ist Sabotage am Auftrag des allmächtigen Gottes, nach dem die Eltern ein lebendiger Kanal der Liebe Christi und der Kirche sein sollen. Es ist Verrat an dem Sakrament, in dem sie den Kindern nichts weniger als die Liebe Christi und der Kirche selbst schenken sollen. «*Wer nicht mit mir ist, ist gegen mich; und wer nicht mit mir sammelt, zerstreut.*»[123] Solche Eltern sind also gegen Gott, Christus und die Kirche!

Fehler gegen die Ordnung als Haupt und Leib

In einer stagnierten, resignierten oder lauen Ehe finden sich auch Fehler bezüglich der Ordnung als Haupt und Leib. Wenn der Vater seine Verantwortung «ruhen lässt» wie ein lädierter Politiker, wenn die Mutter die Familie beherrscht und sich nicht unterordnen will, wenn sie ihren Mann als Oberhaupt «absetzt», arbeiten sie dann an der Errichtung des Königtums Christi in den Herzen der Kinder? Oder setzen sie nicht vielmehr Christus die Spottkrone auf? Wenn der Vater seinen Beruf über seine Familie stellt, ganz im Beruf aufgeht und seine Frau im Stich lässt, kann in ihm der dienende Christkönig leben, der ständig auf den Vorteil und das Wohlergehen seiner Kirche bedacht ist?

Wenn der Vater viel zu sehr auf seiner Vollmacht besteht und die Familie bedrückt, spiegelt er dann für die Kinder das Joch und die Bürde Christi wider, die «*sanft und leicht sind*»[124]?

Ein Vater sagte von seinem zweijährigen Sohn: «Mein Sohn muss karg aufwachsen. Das Leben wird hart sein.»

123 Lk 11,23

124 Mt 11,29

Damit gibt der Vater nicht die Liebe des himmlischen Vaters weiter, der seinen Kindern eine ganze Welt in unglaublicher Schönheit und Vielfalt schenkt. Er erzieht nicht im Geist des Titusbriefes: «*Den Reichen dieser Welt gebiete, dass sie nicht hochmütig seien und ihre Hoffnung nicht auf unsicheren Reichtum, sondern auf den lebendigen Gott setzen, der uns alles reichlich zum Genusse darreicht.*»[125] Gott gibt und schenkt uns also sehr viel, damit wir in der Freude daran einen Vorgeschmack und eine Ahnung des Himmels haben. Man wird den Eindruck nicht los, dass der Vater dieses Kindes eigentlich Freude an der Einschränkung seines Sohnes hatte. So etwas gibt es tatsächlich!

Wenn für die Mutter die Kinder ihr ein und alles sind und sie den Ehemann hintanstellt, ist sie eine Vertreterin der Kirche, die ihre Kinder, die Gläubigen, für ihren Ehemann Christus liebt? Dieses Thema ist keine Nebensache, sondern betrifft die Grundfrage: Weltliche oder christliche Ehe?

> In einer kinderreichen Familie sagte der Mann am Abend zu seiner Frau: «Na, hast du Deine Kätzchen und Käterchen schon ins Bett gebracht?» Diese Worte hätten eigentlich bei der Mutter die Alarmglocken läuten sollen! Der Vater hatte ganz klar den Eindruck, dass seine Kinder bei seiner Frau an erster Stelle standen.

Fehler gegen die Kinder selbst

Die Eltern haben ihre Kinder taufen lassen, das heißt, dass Gott ihnen seine eigenen, unendlich geliebten Kinder anvertraut hat. In einer nachlässigen, eingeschränkten Ehe, in der die Liebe kalt geworden ist, leiden die Kinder Gottes. Wenn die Eltern ihre Kinder nicht mit den Augen des Glaubens anschauen, sondern nur auf ihre natürlichen Eigenschaften achten, ist das eine schlimme Verkürzung und Verzerrung der Wahrheit. Daraus ergibt sich dann leicht Ungeduld oder Eitelkeit. Christus und die Kirche nehmen die Kinder Gottes in jedem Augenblick so, wie sie sind. Sie holen ihre Kinder dort ab, wo

125 1 Tim 6,17

sie stehen. Christus schenkt uns nicht erst dann seine Liebe, wenn wir Heilige geworden sind (wann sind wir es?), sondern hier und heute und gerade uns als sündige Menschen. Daraus folgt, dass der Blick der Eltern immer und jeden Tag ein Blick der Barmherzigkeit sein muss. Auch die Kinder müssen immer wieder neue Chancen bekommen und die Barmherzigkeit erleben. Wenn aber die Liebe der Eltern wie die Latte der Hochsprungmeister ist, entmutigen sie die Kinder Gottes. «Ich wusste, dass du nichts taugst!» Dieser Satz eines Vaters ist so ziemlich das Schlimmste, was ein Vater sagen kann, denn er tötet damit jeden Mut und jede Zuversicht in seinem Kind. «*Ihr Väter, ärgert eure Kinder nicht, auf dass sie nicht mutlos werden.*»[126]

Wie viel Leid ist in der Welt entstanden, weil Eltern es für selbstverständlich hielten, dass sie die besten Eltern der Welt wären! Da ist es ähnlich wie mit dem gesunden Menschenverstand: Jeder glaubt, dass er damit reichlich ausgestattet ist! Nur wenige Eltern schaffen es, sich einmal grundsätzlich zu fragen, ob sie wirklich alles richtig machen. Immerhin geht es um eine sehr verantwortungsvolle Aufgabe, denn Christus ist sehr streng mit denen, die den Kindern Gottes ein schlechtes Beispiel sind: «*Wer aber einem von diesen Kleinen, die an mich glauben, Anlass zur Sünde gibt, für den wäre es besser, dass ihm ein Mühlstein um den Hals gehängt und er in die Tiefe des Meeres versenkt würde.*»[127]

Andere Eltern verfallen in eine Art Spiritualismus. Sie achten sehr auf die religiöse Erziehung, halten aber die natürlichen Grundlagen für Nebensache.[128] Dementsprechend ist der Vater in der hl. Messe zwar ganz andächtig, aber seine Kinder neben ihm turnen herum. Wenn diese Kinder in ein fremdes Haus kommen, grüßen sie nicht. Bekommen sie etwas geschenkt, freuen sie sich zwar, können aber nicht «Danke» sagen. Die Kleidung ist ungeordnet, und sie machen

126 Kol 3,21

127 Mt 18,6

128 Es ist wie beim Vergolden. Wenn man keinen Ring zum Goldschmied bringt, kann man ihn auch nicht bitten, «das» zu vergolden. Die natürlichen Tugenden sind notwendige Grundlage für das übernatürliche Leben.

einen leicht verwahrlosten Eindruck. Diese Eltern erziehen nach dem falschen Grundsatz: «Das übernatürliche Leben steht so hoch über dem natürlichen Leben, dass man auf natürliche Dinge nicht zu achten braucht.» Niemand würde diesen Grundsatz in einer Diskussion verteidigen, in der Praxis ist er aber ziemlich lebendig. Dann zählen Bildung, Kultur, Gerechtigkeit, Anstand, Freundlichkeit, Höflichkeit, Fleiß, Pünktlichkeit, usw. als unwichtige Kleinigkeiten.

Um eine ganz andere Art von Fehler geht es, wenn Eltern Verhütungsmittel einsetzen. Manche Eltern biegen sich hier eine Entschuldigung zurecht, in Wirklichkeit vergreifen sie sich an den Rechten des allmächtigen Gottes, der in seinem Plan Liebe und Hingabe mit der Zeugung neuen Lebens verbunden hat. Auch diese Sünden richten sich gegen die Kinder Gottes, die sie aufnehmen sollen. «*Wer irgendeines solcher Kindlein aufnehmen wird in meinem Namen, nimmt mich auf; und wer irgend mich aufnehmen wird, nimmt nicht mich auf, sondern den, der mich gesandt hat.*»[129]

Es geht immer darum, dass man in den eigenen Kindern Christus aufnimmt. Denn Jesus liebt die Kinder wie sich selbst. Jede Zeit, die man den Kindern aus Egoismus oder Trägheit nicht schenkt, verweigert man Christus. Jede Ungeduld, jedes enge Herz, jede Bevorzugung, ist ein Angriff auf Jesus.

---

129 Mk 9,37

Gemeinsames Gebet und Opfer

Wie Christus und die Kirche beten

Jesus hat oft die Nächte auf einem Berg verbracht, um in der Stille zu seinem Vater zu beten.[130] «*Meine Seele dürstet nach Gott, nach dem lebendigen Gott: Wann werde ich kommen und erscheinen vor Gottes Angesicht?*»[131] «*Gott, du bist mein Gott! Frühe suche ich dich. Es dürstet nach dir meine Seele, nach dir schmachtet mein Fleisch in einem dürren und lechzenden Lande ohne Wasser.*»[132] In diesem Austausch mit dem Vater vereint er sich mit seiner Braut, der Kirche. Die Liturgie der Kirche in Messe und Stundengebet ist das gemeinsame Gebet von beiden. Christus, der Hohepriester, bringt diese Gebete vor die Hl. Dreifaltigkeit. Es sind Gebete der Anbetung, des Dankes, der Wiedergutmachung und der Bitte, ein Austausch mit dem allmächtigen Gott! Dies ist der Höhepunkt des Lebens und es gibt kein religiöses Leben ohne Gebet!

Das Zentrum des Austausches mit Gott findet sich in der hl. Messe, die die Erneuerung des Kreuzesopfers Christi ist. Hier vergegenwärtigt Christus die Hingabe seines Lebens zur Verherrlichung des Vaters, es ist der Inbegriff des Lebens von Christus und der Kirche. Alle Gebete und Opfer seines Lebens strebten diesem Höhepunkt zu. «*Ich bin gekommen, Feuer auf die Erde zu werfen, und wie wünschte ich, wenn es schon entzündet wäre! Ich habe aber eine Taufe, womit ich getauft werden muss, und wie bin ich beengt, bis sie vollbracht ist!*»[133] Hier sprach er

130 Lk 6,12

131 Ps 42,2

132 Ps 63,1

133 Lk 12,50

von seiner Taufe des Leidens. So wie unter dem Kreuz Jesu Maria und Johannes standen, begleitet auch die Kirche Jesus bei diesem hl. Opfer und vereint sich mit ihm. Sie bringt Jesus all ihre Opfer, ihre Anliegen, ihre Kreuze, ja, ihr ganzes Leben dar.

Dieses hl. Kreuz ist die Quelle allen Lebens und aller Güter, die die Menschen erhalten können. «*Wir aber sollen uns rühmen im Kreuz unseres Herrn Jesus Christus. In ihm ist uns Heil geworden und Auferstehung und Leben.*»[134] Paulus sagt: «*Ich bin der Ansicht, dass die Leiden dieser Zeit mit der künftigen Herrlichkeit, die an uns offenbar werden soll, nicht zu vergleichen sind.*»[135]

Man liest leicht darüber hinweg, aber Paulus sagt hier etwas Ungeheures: «nicht zu vergleichen». Stellen wir uns vor, wir könnten mit einem Euro ein ganzes Haus kaufen oder mit zehn Euro ein ganzes Land. Bei diesem Gedanken würden wir protestieren und sagen: «Da stimmen Preis und Ware nicht überein, das kann man ja nicht vergleichen!» Genau dies meint hier Paulus. Das Kreuz ist so kraftvoll und gesegnet, dass die Früchte den «Einsatz» unvergleichlich übersteigen. Mit anderen Worten: Aus dem kleinsten Opfer kommt ein ungeheuer großer Segen, aus schwerem Opfer kommt ein unfassbar großer Segen. «*Denn das schnell vorübergehende Leichte unserer Drangsal bewirkt uns ein über die Maßen überschwängliches, ewiges Gewicht von Herrlichkeit.*»[136] Er sagt «über die Maßen überschwängliches Gewicht», weil ihm die Worte ausgehen und menschliche Sprache versagt. Die Kraft des hl. Kreuzes sprengt die Grenzen aller Begriffe und Worte.

Was will Gott damit schenken

Gebet und Opfer stehen also im Mittelpunkt des Lebens des himmlischen Brautpaares. Gebet und hl. Messe sind auch aus einer guten Ehe nicht wegzudenken. In der Ehe ist ja das irdische Ehepaar ein Zweig am Stamm Christus-Kirche. Das Leben eines Zweiges

134 Introitus von Gründonnerstag.

135 Röm 8,18

136 2 Kor 4,17

besteht darin, in das Leben des Baumes eingetaucht zu sein. Daher bilden auch für das christliche Ehepaar Gebet und Opfer den Mittelpunkt des Lebens. Wenn es keinen Austausch mehr gibt zwischen Baum und Stamm, bedeutet das den Tod des Zweiges.

Das Geschenk an die Eltern

Wenn Vater und Mutter, Mann und Frau, im Gebet vor Gott treten, schaut Gott auf sie mit einem liebevollen, freudigen Blick. Denn er erkennt in ihnen einen Teil seines einzigen Planes: Ihm liegen nur Christus und die Kirche am Herzen, und seine allmächtige Weisheit und Liebe ist in der Welt am Werk, um die ewige Hochzeit seines Sohnes vorzubereiten. Wer den Zweig sieht, sieht eben auch den Baum. Darum sollen die Eheleute mit großem Vertrauen ins Gebet gehen, denn sie sind Mitarbeiter am herrlichen Plan Gottes. In und mit ihnen beten Christus und die Kirche. Wie schade ist es, wenn Ehepaare übersehen, dass das Sakrament ihren Gebeten eine besondere Kraft und Bedeutung schenkt. Sicher ist der Ehemann nicht Priester wie Christus, sicher steht das liturgische Stundengebet der Kirche als offizielles Gebet weit über dem Gebet der Ehefrau. Und trotzdem ist es wahr, dass wir im Gebet der Eheleute das Gebet des himmlischen Brautpaares finden. Für Mann und Frau ist diese Tatsache wiederum ein Grund tiefen Vertrauens, denn sie sind mit ihrem Gebet nicht allein, sondern getragen und eingebettet in das Beten von Christus und Kirche.

Dies gilt besonders für den Besuch der heiligen Messe. Hier kommt die Ehe kommt zu ihrem Ursprung. Bei der Opferung bringen die Eheleute ihren Dank und ihre Bitten zu Christus und der Kirche. Dabei schütten sie ihr Herz vor Gott aus und übergeben ihr ganzes Familienleben mit allen Freuden, Sorgen und Kreuzen dem göttlichen Brautpaar Christus-Kirche. Sie denken daran, dass Jesus und die Kirche noch mehr als sie daran interessiert sind, dass es ihnen und den Kindern gut geht. Denn das irdische Ehepaar ist ein Zweig an ihm, dem Brautpaar Christus-Kirche. Somit «gehören» die Sorgen,

Gebete, Kreuze, Freuden noch mehr dem Stamm als dem Zweig. Es handelt sich ja um ein und dasselbe Leben.

Es ist gut, dabei an den Wert des Kreuzes zu denken. Es bringt «unvergleichlichen»[137] Lohn und Segen für sie und die Kinder. Bei der Opferung geht es darum, dass das Ehepaar sein ganzes Leben, Beten und Opfern mit den unendlichen Verdiensten Jesu und aller Heiligen vereint. Da bekommt das Leben des Ehepaares einen unerhört tiefen Wert und Sinn. Was den Eltern nicht gelingt, was sie belastet, wird in die Kraft des Kreuzes gesenkt und darin vergoldet. «*Wenn ich schwach bin, bin ich stark!*»[138]

Sie dürfen auch das Gebetsleben der Kinder formen. Es hat sicher einen tiefen Einfluss auf das Gemüt der Kinder, wenn sie erleben, wie Vater und Mutter zusammen für die Kinder beten. Warum nämlich sollen die Eltern nicht öfters beim Familiengebet zu zweit für die Kinder beten? Auf diese Weise bekommen die Kinder eine Ahnung davon, dass Christus und die Kirche für sie beten. Wenn die Eltern dabei auch noch für die Kranken, für die Sterbenden, für die Verwandten und die Bekehrung der Sünder beten, zeigen sie den Kindern, wie weit sich die christliche Liebe erstreckt.

Es gehört auch zur Erziehung, dass man im Gebetsleben nicht minimalistisch ist. Warum nicht einmal am Werktag in die Messe gehen? Oder mit der Familie eine kleine Wallfahrt machen, und wenn es nur einmal im Jahr ist? Oder am Sonntag auch einmal am Hochamt teilnehmen?

Fehler im Gebetsleben

Wenden wir unseren Blick wieder einer stagnierten, resignierten und entmutigten Ehe zu. Wie steht es hier mit dem Gebet?

Wenn man Ehe und Religion getrennt hat, wenn man aufgehört hat, einander die Liebe von Christus und Kirche zu schenken, hat

137 Röm 8,18

138 2 Kor 12,10

man die Ehe und Familie unter die Herrschaft des Alten Menschen gestellt. Dementsprechend ist auch das Gebet in Mitleidenschaft gezogen, obwohl es das Zentrum der Familie sein soll. Gerade die weltliche Haltung, Ehe und Religion zu trennen, führt dazu, dass das Familiengebet ohne Kraft ist. Lauheit in der Ehe bedeutet nichts anderes als Abstand zu Gott und zum Gebet. In diesem Fall fehlt dem Leben der Segen von oben, und es ist kein Wunder, wenn Egoismus, Streit und Spannung herrschen. Wenn der Vater nicht mitbetet, woher sollen die Kinder die Überzeugung bekommen, dass Christus für sie betet? Auf der anderen Seite, wenn die Kinder im Gebet überfordert werden, wie sollen sie das Gebet lieben lernen?

In einer Familie hatte der Vater die Angewohnheit, gerade dann den Rosenkranz vorzuschlagen, wenn alle am Tisch froh beieinander saßen. Mitten im Kartenspiel schlug er dann vor, jetzt ein Gesätzlein des Rosenkranzes zu beten. Kein Wunder, dass die Kinder mit der Zeit eine Aversion gegen das Gebet entwickelten. Damit wurde ihnen der größte Schatz im Leben, der Austausch mit Gott, zuwider gemacht.

Ein Kind kommt voller Freude zum Vater und erzählt ihm, dass es morgen zum ersten Mal beichten geht. Der Vater zuckt nur mit der Schulter und sagt gelangweilt: «Das hatte ich auch einmal.» Statt dem Kind zu helfen und es aufzumuntern, teilt er dem Kind seine abständige Haltung mit. Lädt er damit nicht eine schwere Verantwortung auf sich?

Fazit

Wenn eine Ehe stagniert und resigniert ist, geht dieses Problem nicht nur die Ehepartner an. Wir müssen auch daran denken, wie Jesus Christus eine solche Ehe sieht.

In der Offenbarung des Johannes richtet sich Jesus an die sieben Gemeinden in Vorderasien, der heutigen Türkei. Diese sieben Briefe an die Gemeinden folgen immer denselben Schritten:

1. Jesus zeigt, dass er die Werke und den Einsatz der jeweiligen Gemeinde kennt
2. Danach folgt seine Ermahnung bzw. sein Vorwurf
3. Anschließend zeigt er die drohende Strafe auf
4. Zuletzt aber macht er Hoffnung auf einen großen geheimnisvollen Lohn, den der Sünder erhält, wenn er sich bekehrt

Diese Kette von Anerkennung – Vorwurf – Drohung – Verheißung zeigt eine tiefe Psychologie. Jesus beginnt nicht mit Vorwürfen und endet auch nicht mit Drohungen. Vielmehr zeigt er erst einmal, dass er all das Gute kennt, das die Gemeinde bisher in seinem Dienst geleistet hat. Die Gemeinde muss also nicht «ganz unten» anfangen. Es macht Mut zu sehen, dass die Forderungen Jesu gerecht und maßvoll sind. Danach folgen die Kritik und die Drohung. Auch hier ist es nicht das Ziel, dass der Sünder den Mut verliert. Vielmehr wird sein Weg in das helle Licht der göttlichen Wahrheit und Liebe gestellt und gezeigt, dass es so nicht weitergehen kann. Der Weg der Fehler und Sünden wird mit der Barriere der drohenden Strafe verbaut. Die Sünde führt in eine Sackgasse, wo es nicht weitergeht. Nun braucht der Sünder ein Motiv, sich umzuwenden, und das ist der versprochene große Lohn, der dem bekehrten Menschen winkt. «*Dem, der überwindet, dem werde ich zu essen geben von dem Baume des Lebens, welcher in dem Paradiese Gottes ist.*»[139] «*Dem, der überwindet, dem werde ich von dem verborgenen Manna geben; und ich werde ihm einen weißen Stein geben, und auf Stein wird ein neuer Name geschrieben, welchen niemand kennt, als wer ihn empfängt.*»[140] Wer bei den Sport-Wettkämpfen in Pergamon gewann, bekam einen weißen Stein, der als Ausweis in der Stadt galt: Der Besitzer brauchte nur diesen Stein mit seinem Namen vorzeigen, und bekam überall gratis Nahrung, Kleidung, Wohnung und Versorgung bis ins hohe Alter. Das war die «Rente», wenn jemand die Wettkämpfe gewonnen hatte.

Wenden wir einmal diese Kette von Anerkennung – Vorwurf – Drohung – Verheißung auf die lauen, stagnierten und distanzierten Ehen an.

1. Anerkennung: Jesus weiß um all das Gute, was die Eheleute schon getan haben. Es gibt heute viele Ehepaare, die man wirklich als Helden betrachten muss. Das wird klar, wenn man die konkrete Situation ansieht, in der sie leben. Denn die Eheleute stehen unter einer großen Last, die sich aus äußeren und inneren Faktoren zusammensetzt. Statt dass die Gesellschaft sie in der Erziehung ihrer Kinder unterstützt, müssen sie heute ihre Familie vor sehr negativen Strömungen in der Gesellschaft schützen. Die öffentliche Meinung setzt ja echt katholisches Leben fast mit Extremismus gleich. In der Pfarrei sieht es nicht viel besser aus. Kinderreiche Familien werden schief angesehen, wegen Verwässerung des Glaubens in der Pfarrei werden die Eltern zu Nomaden, die oft weite Fahrten auf sich nehmen, um den Kindern einen normalen Gottesdienst und einen gesunden Katechismusunterricht zu bieten. Das ist eine ständige Belastung für die Eltern. Dazu sind sie oft

139 Off 2,7

140 Off 2,17

zu dem großen Opfer gezwungen, ihre Kinder weit weg in gute Privatschulen zu schicken. Auch das kostet viel Kraft. Von Verwandten oder Nachbarn erfahren sie in diesen Punkten oft Unverständnis und Isolation. Zu diesen äußeren Faktoren kommen noch die inneren Belastungen durch Mühe in der Erziehung, durch Geldprobleme, durch Verschiedenheit der Charaktere, durch Versagen und Grenzen und Schwächen des Partners hinzu. Es ist kein Wunder, dass manche Eltern emotional erschöpft sind. Gott kennt diese Situation christlicher Eltern und wird jede Anstrengung belohnen.

2. Vorwurf: Welchen Vorwurf würde Jesus vielleicht einem nachlässigen, verweltlichten und lauen Ehepaar machen? «*Ich kenne deine Werke, dass du weder kalt noch warm bist. Ach, dass du kalt oder warm wärest!*»[141] Eine nachlässige Ehe mit «reduzierter» Beziehung verachtet das Kostbarste und Wertvollste, was es gibt: Den Plan Gottes, der seinem Sohn die Hochzeit bereiten will.[142] Das ist der Wille Gottes und die Eheleute behandeln ihn geringschätzig! Für Jesus gibt es nichts Größeres als seine Liebe zum Vater und zu seiner Braut. In den Augen eines Bräutigams ist ja seine Liebe zur Braut das Schönste, was er hat. Genau dieses Schönste hat er den christlichen Eheleuten ins Herz gegeben. Was bedeutet es, wenn sie diese Liebe nachlässig behandeln?
3. Drohung mit Strafe, um den schlechten Weg zu verbauen: «*Also, weil du lau bist und weder kalt noch warm, so werde ich dich ausspeien aus meinem Munde. Weil du sagst: Ich bin reich und bin reich geworden und bedarf nichts, und weißt nicht, dass du der Elende und der Jämmerliche und arm und blind und bloß bist.*»[143]

141 Off 3,15

142 Mt 22,2

143 Off 3,15

4. Versprechen des großen Lohns bei Bekehrung: Die Eheleute können erkennen, dass es so nicht weitergeht, dass aber eine große Verheißung winkt, wenn sie sich bekehren. «*Und er spricht zu mir: Schreibe: Glückselig, die geladen sind zum Hochzeitsmahle des Lammes! Und er spricht zu mir: Dies sind die wahrhaftigen Worte Gottes.*»[144] «*Was kein Auge gesehen und kein Ohr gehört hat und in keines Menschen Herz gekommen, ist, was Gott bereitet hat denen, die ihn lieben.*»[145] Ja, wir haben nicht die leiseste Idee, wie überraschend groß der Lohn der Ehepaare ist, die hier auf Erden schon die Liebe des ewigen Brautpaares feiern und verherrlichen, die im Himmel für immer genossen und gefeiert wird!

144 Off 19,9

145 1 Kor 2,9

Anhang
Gewissenspiegel

Pflichten gegen Gott

Habe ich das Leben im Ehesakrament vernachlässigt? Keine Ähnlichkeit mit Christus, bzw. der Kirche gesucht? Habe ich den Kindern oder der Umgebung darin ein schlechtes Beispiel gegeben? Durch Streit? Durch Gleichgültigkeit? Habe ich die Ehe nach nur menschlichen Neigungen geführt? Habe ich die Ehe innerlich aufgegeben? Dabei an Gott gezweifelt? Eine weltliche Ehe geführt? Habe ich lange Zeit in der Beichte die Sünden gegen die Ehe ausgelassen?

Pflichten gegen den Ehegatten

Habe ich gegen die Liebe gesündigt? Durch Mangel an Respekt und Achtung? Habe ich die Zeichen der Liebe zu meinem Ehegatten vernachlässigt? War ich kalt oder gleichgültig? Egoistisch? Habe ich mir zu wenig Zeit für den Ehegatten genommen? Habe ich die besonderen, aber wahren Bedürfnisse des anderen übersehen? Habe ich mich nur auf die Kinder konzentriert? Oder auf den Beruf? War ich verschlossen? Distanziert? Habe ich zu wenig das gemeinsame Leben gepflegt, das Leben für meinen Ehegatten? Keine gemeinsamen Ziele verfolgt? Habe ich es unterlassen, nach innerer Einheit zu suchen? War ich nachtragend und wollte nicht vergessen? Habe ich zu viel von meinem Ehegatten erwartet oder verlangt? Habe ich durch Streit der Liebe geschadet? Durch Eigensinn? Durch Ungeduld? Durch Unbarmherzigkeit? Habe ich nicht mehr versucht, dem anderen zu gefallen? Habe ich meinen Ehepartner nicht ertragen wollen? Ihn verachtet? Habe ich ihm zu wenig Wertschätzung und Dankbarkeit entgegengebracht? Habe ich zu sehr auf die Fehler meines Ehegatten geachtet? Habe ich dem anderen den notwendigen Freiraum verweigert? War ich misstrauisch? Eifersüchtig? Besitzergreifend? Habe ich der Beziehung durch Launen und Stimmungen geschadet? War ich überempfindlich? Habe ich mich verstellt? Eine Rolle gespielt? Den anderen angelogen?

Habe ich gegen die eheliche Reinheit gesündigt, die eheliche Pflicht ohne gerechten Grund vernachlässigt oder sogar zurückgewiesen? War ich untreu? Habe ich die Ehe missbraucht durch nicht gerechtfertigte Familienplanung? Durch künstliche Verhinderung neuen Lebens? Habe ich darin absichtlich die Lehre der Kirche übergangen? Habe ich von meinen ehelichen Rechten mehr Gebrauch gemacht, als die von Gott gefügten Umstände es erlauben?

Pflichten gegen die Ordnung als Haupt und Leib

Habe ich die Ordnung in der Ehe verletzt? Durch Herrschsucht? Habe ich als Mann die Verantwortung als Haupt vernachlässigt? Habe ich zu wenig zugehört? Habe ich zu wenig gedient? Habe ich ein Leben neben statt für meinen Ehepartner gelebt? Habe ich versucht, als Ehefrau über den Mann zu herrschen, zu dominieren, die richtige Unterordnung abgelehnt?

Pflichten gegen die Kinder

War ich den Kindern ein schlechtes Abbild von Christus, bzw. von der Kirche? Habe ich in der Erziehung zu viel oder auch zu wenig erlaubt? Habe ich den Kindern zu wenig Aufmerksamkeit geschenkt? Habe ich den Kindern nicht die gesunde Selbstständigkeit gelassen und sie nicht gefördert? Habe ich zu wenig auf gutes Benehmen geachtet? Habe ich die Kinder verletzt durch Streit in der Familie? War ich ungerecht oder kalt oder unbarmherzig? War ich ungeduldig? Habe ich ein Kind bevorzugt? Oder vernachlässigt? Habe ich zu wenig für die Kinder gesorgt? War ich überängstlich? War ich nachlässig in der Aufsicht bzgl. Freunde, Fernsehen, Computer, Telefon? Habe ich zu wenig für den christlichen Geist in der Familie getan durch fehlendes religiöses Interesse, durch Gleichgültigkeit gegen christliche Kultur, durch Mangel an aufbauenden Freundschaften? Habe ich die schulische und berufliche Ausbildung über die religiöse Heranbildung gesetzt? Habe ich zu wenig darangesetzt, dass meine Kinder eine katholische Schule besuchen? Oder den Katechismusunterricht? Habe ich die Kinder für meinen Stolz oder meine Pläne eingesetzt?